WOW! 룡중학생의 상상 유니버스

엮은이

남은희

지은이

와룡중 한국어학급 & 읽고 사랑하고 기도하라 3기

북트리

WOW! 룡중학생의 상상 유니버스

엮은이
남은희

지은이
와룡중 한국어학급 & 읽고 사랑하고 기도하라 3기

북트리

목차

몽골 소녀 노밍의 이야기
· 익숙한 느낌(Танил мэдрэмж)　　　　　　　　　13
· 가장 존경하는 사람(The person I admire most)　　36

한국 소년 형준이의 상상버스
· 혼자　　　　　　　　　　　　　　　　　　　40

필리핀 소녀 레인의 고백
· 내 인생에서 기억에 남는 날(A memorable day in my life)　　49
· 필리핀 여행을 해야 하는 이유
　(Reason why you should travel The Philippines)　　58

한국 소녀 유선이의 성장일기
· MY DREAM　　　　　　　　　　　　　　　66
· 남산돈까스 그리고 추억　　　　　　　　　　78

우즈베키스탄이 낳은 조선의 아이 세르게이의 레시피
· 중앙아시아에서 인기 있는 요리
　(блюдо которое популярно в средней Азии)　　82

러시아가 낳은 고려인 작가 미하일

· 4차 한국문화체험학습, 남해 여행을 다녀와서　　　　92
· 휴식 같은 꿈(Dream rest)　　　　99

귀여운 몽골 소녀 엑시글랭

· 나의 삶(Миний амьдрал)　　　　103
· 내가 가장 존경하는 사람(The person I admire the most)　　　　112

몽골 소녀 난디아의 묵상

· 행복한 삶에 관하여(Аз жаргалтай амьдралын талаар)　　　　116

중국 소녀 신제의 에세이

· 틈새에 핀 장미(縫隙玫瑰)　　　　135

꿈많은 파키스탄 소년 사이언의 상상버스

· How I spend my free time　　　　141

한국 소년 지환이의 Fantastic World

· 도깨비의 숲　　　　151

서문

9개국 언어의 포트락 파티(Potluck Party)를 열다!

와룡중 교사 남은희

저는 1999년 9월, 대구 경북여자고등학교에 첫 발령을 받은 이후 16년 6개월 동안 공립 인문계 고등학교에서 국어 교사로 근무했습니다.

다섯 번째 전근지는 중학교로 발령이 났는데, 저출산으로 고등학생 수가 급격히 줄어들면서 교실 수가 감소했고, 인문계 고등학교에 16년 이상 연속 근무한 교사들을 조정 발령하여 고등학교 근무 교사 수를 줄이는 것이 불가피해졌기 때문입니다. 인구절벽이라는 사회현상이 저의 삶에 직접적으로 영향을 미치는 사건이었지요.

다섯 번째 학교에서 근무를 마치고 여섯 번째 전근지를 고민하면서 성서공단 인근에 위치한 신당중학교를 떠올렸습니다. 성서공단에 근무하는 외국인 근로자의 수가 급증함에 따라 신당중학교 인근에는 현지인이 운영하는 동남아시아 마켓과 식당 등이 즐비하고, 와룡시장은 국제시장으로 자리 잡고 있습니다. 길거리에서 다양한 인종을 쉽게 만날 수 있는 이곳 중심부에 위치한 신당중학교에서 근무하며 이주 배경 청소년들을 직접 만나 이들의 한국 정착을 돕고 한국 사회의 건실한 일꾼으로 길러보겠다는 야심 찬 계획을 세운 것이지요. 이것이 저출산으로 인구절벽을 맞이

한 한국 사회가 나아갈 해결책이 되지 않겠느냐는 거창한 생각과 함께 말입니다.

희망 즉시 발령이 났고, 개학 첫날 우리 반 학생인 영수(가명)의 상담 요청을 받았습니다. 외국에서 온 영수는 성범죄에 연루되어 보호 관찰을 받고 있었는데, 외국인 어머니가 자신을 믿어주지 않는다며 담임인 제가 중간에 개입해 주기를 바랐습니다. 다음 날 학모께 문자로 학교 방문을 요청드렸더니 학모께서 "알았다."라는 답변을 주셨습니다. 반말과 존칭어를 구분하지 못하시는 외국인 학모님과 어떻게 상담을 해야 할지 개학 첫날부터 막막했던 기억이 지금도 생생합니다.

이후 3년간 신당중에서 근무하며 지난 20년 교직 생활 동안 한 번도 경험하지 못했던 수많은 문제에 부딪혔습니다. 한국어가 서툰 학생들이 절반이 넘는 교실에서 국어 교육을 어떻게 해야 할지, 한국어를 전혀 못 하는 외국인 학모님과 입시 상담을 어떻게 해야 할지, 고등학교 입시를 지도하면서도 이후의 미래가 보장되지 않아 막막해하는 아이들을 보며 답답한 심정과 무기력감에 괴로워했습니다.

이주 배경 학생의 비율이 50%가 넘는 신당중학교에 한국 학생들이 입학을 꺼리게 되면서 학생 수가 급격히 줄었고, 결국 신당중학교는 2024년 2월에 폐교하게 되었습니다. 저는 교무부장을 맡아 신당중학교의 마지막 해를 정리하는 역할을 하게 되었고, 마지막 졸업식에서 눈물짓던 학생들의 모습을 잊을 수가 없습니다.

다음 해, 신당중 1, 2학년은 한 명을 제외하고 인근 학교인 와룡중학교로 통합되었고, 와룡중의 이주 배경 학생 비율이 높아짐에 따라 한국어 학급이 신설되었습니다. 저는 와룡중학교로 전근을 요청하였고, 한국어 학급 담임 교사를 지원하여 맡게 되었습니다.

현재 와룡중학교에는 11개국에서 입국한 73명의 이주 배경 학생들이 있고, 그중 8개국에서 온 18명의 학생이 한국어 학급에 입급해 있습니다. 2021년부터 3년간 신당중학교에 근무하며 이주 배경 학생들을 상대로 학업, 진로, 생활 지도 등의 노하우를 쌓았다고 자신한 저이지만, 1년 차 한국어 학급 교사로서 아이들에게 부족한 교사일까 봐 내심 걱정도 되었습니다.

이주 배경 학생들이 한국어와 한국 사회에 빨리 적응하는 좋은 방법이 무엇일까 고민하던 중, 한국 친구들을 많이 사귀고 한국 곳곳의 아름다운 여행지를 방문하면서 이곳에 정착하고 싶다는 마음이 들게 되면 공부도 열심히 할 것이라는 생각이 들었습니다. '그 나라의 언어를 잘 배우려면 그 나라 사람과 연애하라'는 속설이 있지 않습니까! 이런 이유로 독서 인문 동아리 공모에 또 도전하게 되었고, 8명의 이주 배경 학생들과 7명의 한국 학생들로 구성된 '읽고 사랑하고 기도하라 3기' 학생 동아리를 꾸리게 되었습니다.

첫 모임에서 쭈뼛거리며 자기소개를 했지만, 함께 여행하면서 서로 볼을 잡아당기고 재미있는 포즈로 사진을 찍고, 서로 한복을 골라주고 입혀

주는 등 아이들은 편견 없이 어울렸고 마음껏 즐기고 누렸습니다.

　아이들과 함께 읽을 책이 이주 배경 학생들에게 어렵지 않을까 걱정을 많이 했지만, 아이들은 제가 소리 내어 읽어주는 책 내용을 귀로 듣고 눈으로 구글 번역기로 번역된 모국어와 비교하면서 내용을 소화했고, 재치 있는 내용으로 제목을 곧잘 바꾸었습니다.

　인문학 기행지인 서울에 처음 가보는 학생이 대부분이어서 여행 전날 밤잠을 설쳤다는 이야기를 쫑알거리다가 서울 톨게이트를 통과하자마자 '우와!' 하는 탄성이 버스 안을 가득 채울 때는 '그래, 고생스러워도 이 맛에 준비하는 거지.' 하며 스스로를 위로했습니다.

　여름방학 내내 이중언어 책쓰기에 도전하는 아이들의 모습이 사뭇 진지했는데, 그 결과물이 드디어 한 권의 책으로 엮어졌습니다.

　소녀미 감성이 담뿍 담긴 시를 쓴 노밍의 글을 읽으면 10대 사춘기 시절의 감성이 살아나는 듯합니다. 형준이의 소설은 넷플릭스 드라마 한 편을 보는 것 같고, 레인의 진솔한 이야기는 마음을 움직이는 힘이 있습니다. 유선이의 에세이를 읽으니 베트남에 한번 가보고 싶어졌고, 세르게이의 레시피대로 음식을 만들면 어떤 맛이 날지 궁금합니다.

2학기에는 '글뤼아우프 독일로 간 광부(문영숙)'를 읽고 영화 '국제시장'을 보았습니다.

"한국도 저렇게 힘든 시절이 있었어요? 정말 한국 맞아요?"

한국어 학급 아이들은 영화를 보는 내내 질문을 쏟아냈고, 이산가족 찾기 장면에서는 눈물 바람이 났습니다. 파독 광부들이 귀국해서 남해에 독일 마을을 이루어 살고 있고, 그곳에 직접 가보자고 하니 아이들은 환호성을 질렀습니다. 남해 문학 기행을 떠나기 한 달 전부터 남해 이야기를 하기 시작하더니 다녀온 후 한 달을 더 이야기했습니다. 남해 여행의 여운이 3개월 이상 지속된 것 같습니다.

미하일은 그동안 배운 한국어 실력을 뽐내며 한국어로 남해 기행일지를 적었습니다. 엑시글랭은 가족에 대한 따뜻한 시선을 글로 썼고, 난디아는 행복을 찾아 탐험하는 사람들에게 꼭 필요한 명언들을 모았습니다. 신제는 틈새에 핀 장미가 비바람에 쓰러지지 않는다는 생각을 어떻게 했을까요? 사이언은 도로를 다니는 차량의 이름과 연식을 다 맞추더니 글에서도 자동차 사랑이 뿜어져 나옵니다. 마지막으로, 지환이의 판타지 소설은 요즘 10대들의 취향을 듬뿍 담았습니다.

　5월의 푸르른 날, 한국어 학급 아이들과 두류공원에 전일제 체험활동을 다녀왔습니다. 각자 나라별로 도시락을 싸 와서 두류공원에 돗자리를 펴고 둘러앉아 나누어 먹는 '포트럭 파티(Potluck Party)'를 열었지요.

　사실 아이들이 약속대로 도시락을 준비해 올까 반신반의했는데, 아이들은 모국의 음식을 정성 들여 준비해 왔습니다. 몽골의 만두와 면 요리, 우즈베키스탄의 소고기쌈, 러시아의 또띠아, 파키스탄의 치킨 커리 요리, 태국의 볶음 요리 등 아이들이 준비해 온 도시락으로 풍성한 파티를 열 수 있었습니다.

　아이들은 음식을 먹기 전 자신이 준비해 온 음식의 조리법과 맛을 설명했고, 친구들은 함께 먹어본 후 소감을 나누었습니다.

　저는 이 책이 포트럭 파티(Potluck Party) 같은 책이라는 생각을 해봅니다. 각기 다른 언어로 썼지만 각자의 맛과 향이 담겨 있고, 나누는 자와 받는 자 모두가 기쁜 포트럭 파티(Potluck Party) 같은 책이 되었으면 하는 바람입니다.

우리들의 포트락 파티

끝으로, 아이들의 삶이 드러나는 이야기를 통해 아이들을 이해하고 수용하는 분위기가 확산되는 열매가 맺히기를 기대하며 글을 맺습니다.

Танил мэдрэмж
익숙한 느낌

3-2 Ganzorig Nomin
3-2 노밍

Сайн байна уу ? Монголооос ирсэн Номин байна. Би айлийн том юм . Бас урлагт Дуртай бас хоол ч сайн хийдэг. Миний мөрөөдөл бол америк яваал дуучин болох.

안녕하세요? 몽골에서 온 노밍입니다. 저는 집안의 첫째이고, 예술을 좋아하며 요리도 잘합니다. 제 꿈은 미국에 가서 가수가 되는 것입니다.

Хангалтгүй

Би чадхаараа хичээсэн

Чамайг аз жаргалтай болгохын тулд

Чамд бүх зүйл байгаач

Илүү ихийг надаас хүснэ

Хоосон

Би чамд өөрийгөө алдаж байна

надад одоо юу ч үлдсэнгүй

Үнэнч хайр

Би олон хүмүүстэй уулзаж байсан

Хэн ч чам шиг дотно мэдрэгдээгүй

Би олон хүний гэр атгаж байсан

Хэн ч чам шиг дулаан байгаагүй

Магадгүй би үнэн ч хайраа олсон байх

Бодол

"Үүрд" гэж хэлсэнийг чинь бодож сууна

Үхсэн энэ хайраар одоо яах билээ

부족함

나는 할 수 있는 한 최선을 다했어.

너를 행복하게 해주기 위해

너에게 모든 것이 있는데도

너는 나에게 더 많은 것을 원해.

공허함

나는 너에게 나 자신을 잃어가고 있어.

이제 나에게는 아무것도 남지 않았어.

진실한 사랑

나는 많은 사람들을 만났어.

그 누구도 너처럼 가깝게 느껴지지 않았어.

나는 많은 사람의 손을 잡았지만

그 누구도 너처럼 따뜻하지 않았어.

어쩌면 나는 진정한 사랑을 찾았을지도 몰라.

생각

네가 "영원히"라고 말했던 걸 생각해.

이 죽어버린 사랑으로 이제 뭘 할까.

Танихгүй хүн

Ингээд дуусна гэж хэн мэдлээ

Хамгийн хайртай хүн чинь орихоод явахад

Одоо бол нэгнээ дэндүү сайн мэддэг хоёр танихгүй хүмүүс

Бяцхан охин

хайрлах тусам улам их өвдөнө

Энэ их өвчин, гуниглалын ард

Хайрлуулхыг хүссэн бяцхан охин

Үг

Хэрэв үг хүнийг алдаг бол

Би мянга мянган удаа үхэх байсан

Заримдаа

Заримдаа бусдыг тавиад

Явуулсан нь дээр байдаг

Төгсгөл

Чиний төгсгөл

миний эхлэл байх болно

낯선 사람

이렇게 끝날 줄 누가 알았겠어.

가장 사랑하는 사람이 등을 돌리고 떠날 때

이제 우리는 서로 너무 잘 아는 두 낯선 사람이 되었어.

어린 소녀

사랑할수록 더 아파.

이 고통과 슬픔 뒤에

사랑받고 싶어 하는 어린 소녀가 있어.

말

만약 말이 사람을 죽일 수 있다면

나는 수천 번은 죽었을 거야.

때로는

때로는 다른 사람을 놓아주는 것이

더 나을 때가 있어.

끝

너의 끝은

내 시작이 될 거야.

Март

Өөр хүнийг сонгосон хүнийг битгий хүлээ

Худал

Худал үгэнд чинь итгэсэн нь

Миний буруу

Хүсэл

Чи намайг үл тоодог шиг

Надад чамайг үл тоох хүч байгаасай

Явчихсан

Чм явчихсан ямар ч

Анхааруулга байхгүйгээр

Мэдэж байсан

Миний тархи мэдэж байсан

Гэхдээ миний зүрх бэлэн биш байсан

잊어

다른 사람을 선택한 사람을 기다리지 마.

거짓말

너의 거짓말을 믿은 것은
내 잘못이야.

소원

네가 나를 무시하는 것처럼
나도 너를 무시할 힘이 있었으면 좋겠어.

떠나버림

너는 아무런 경고 없이
떠나버렸어.

알고 있었어

내 머리는 알고 있었지만
내 마음은 준비되지 않았어.

Гундсан сэтгэл

Хүйтэн шөнийн орой

Чамайг бодож сууна

Гундсан сэтгэлтэй

Хоосон сүнснээс өөр юу ч алга

Сэтгэл

Хүний сэтгэл яг л шил шиг

Нэгэнт бутарсан бол хэзээ ч эдгэрэшгүй

Магадгүй

Магадгүй би хэтэрхий их хайрласан байх

Чамд өгсөн хайрандаа хордож байна

Хүсэл

Чамайг аз жаргалтай байлгах гэж

Бүхнээ чамд зориулсан

Эцэст нь чамаас хайр л хүссэн

시든 마음

추운 밤

너를 생각하며 앉아 있어.

시든 마음으로

빈 영혼 외에는 아무것도 없어.

마음

사람의 마음은 유리와 같아

한 번 부서지면 절대 회복되지 않아.

아마도

아마도 나는 너를 너무 많이 사랑했을 거야.

너에게 준 사랑에 독이 든 것 같아.

바람

너를 행복하게 하기 위해

내 모든 것을 너에게 바쳤어

결국 너에게서 사랑만을 원했어.

Зүрх

Өнөөдөр би өрөөсөн зүрхтэйгээ учирлаа

Бие минь хөшиж

Зүрх минь догдолж

Гэдсэнд минь эрвээхэй жиргэнэ

Далай шиг гүн харцанд чинь хорогдож

Булбарай халуун гаранд чинь донтож

Огторгуй мэт хязгааргүй хайранд чинь шулбана

Өнөөдөр би өрөөсөн зүрхтэйгээ учирлаа

Хүн ганцаар байдгүйн адил

Бидний хайрч өнчрөхгүй

Өнгө

Хэрвээ би чамтай учраагүй

Байсан бол яах вэ?

Магадгүй хар, бүрхэг амьдралаар амьдрах байсан

Яг л гунигтай киноны жижиг дүр шиг

Хар цагаанаас өөрцгүй бяцхан би

Ганцаардмал хүйтэн ертөнцөд үхэх байсан

심장

오늘 나는 반쪽짜리 심장을 만났어.

몸이 얼어붙고

심장이 뛰고

배 속에 나비가 날아다녀.

깊은 바다 같은 네 눈에 빠져

부드럽고 따뜻한 네 손에 중독되고

무한한 하늘 같은 너의 사랑에 빠져들어.

오늘 나는 반쪽짜리 심장을 만났어.

백조는 혼자가 아니듯

우리의 사랑도 고아가 되지 않을 거야.

색

만약 내가 너를 만나지 않았다면

어떻게 되었을까?

아마도 어두운, 흐린 삶을 살았을 거야.

마치 슬픈 영화 속 작은 역할처럼

흑백 외에 다른 색이 없는 작은 내가

외롭고 차가운 세상에서 죽었을 거야.

Өсвөр насны охин

Өсвөр насны охин байх тийм хэцүү юу?

Толинд харах болгонд өөртөө гутаж

Үргэлж өөрийгөө голж

Бусадтай өөрийгөө харьцуулж

Өөрийгөө үзэн ядна

Туранхай болохийн тулд хоолоо хасаж

Өөрийгөө үзэн ядсанаас болж

Өөрийгөө гэмтээж , зүснэ

Гарыг минь дагаж урсах цусыг

Хараад таашаал авч

Өлсөх тусам туранхай мэдэрч

Хөөрхөн л байвал

Юу ч хийхээс буцахгүй

Өсвөр насны жирийн л охин

사춘기 소녀

사춘기 소녀가 되는 게 그렇게 어려운 걸까?

거울을 볼 때마다 자신에게 혐오감을 느끼고

항상 자신을 탓하며

다른 사람과 자신을 비교하며

자신을 미워해

마른 몸이 되고 싶어 음식을 줄이고

자신을 미워한 나머지

자신을 해치고, 베어내

내 팔을 타고 흐르는 피를 보고

만족감을 느끼며

굶을수록 더 마른 몸이 되고

예뻐지기 위해

무엇이든 할 수 있을 것 같아.

사춘기 평범한 소녀.

Өөрийгөө үзэн ядаж байна

Хайртай шүү ээжээ ! Гэхдээ

Өөрийгөө үзэн ядаж байна

Миний бие, миний үс

Миний хамар , миний уруул

Миний нүд , миний гар

Миний хоолой гээд бүгдийн

Үзэн ядаж байна

Би мундаг охин биш

Сайн найз ч биш

Би маш их уйлдаг

Учир нь үзэн ядахаас өөр юучгүй

Заримдаа би амьсгалаа чадхаараа удаан бариж

Ид шид болохыг хүлээнэ

Надад хайртай хүмүүс зөндөө байгаа

Гэхдээ би дэлхийд зориулагдаагүй

Сарнай

Би сарнайд маш дуртай

Учир нь сарнай үзэсгэлэнтэй ч өвтгөж чаддаг

자기혐오

사랑해, 엄마! 하지만

나는 나 자신을 미워해

내 몸, 내 머리카락

내 코, 내 입술

내 눈, 내 손

내 목소리까지 모두

미워해

나는 대단한 소녀가 아니야.

좋은 친구도 아니야.

나는 너무 많이 울어.

왜냐하면 미워하는 것밖에 할 수 있는 게 없어.

가끔은 숨을 최대한 오래 참으며

기적을 기다려.

나를 사랑하는 사람들이 많아.

하지만 나는 이 세상에 속하지 않은 것 같아.

장미

나는 장미를 정말 좋아해.

장미는 아름답지만 아픔도 줄 수 있거든.

Шивээс

Хамгийн их өвддөг шивээс юу гээч?

Үг. Үг чамайг гэмтээхгүй. Гэхдээ өөртөө итгэх итгэлийг гэмтээнэ

Үг чамайг зүсэхгүй. Гэхдээ сэтгэлийг чинь зүснэ

Үг чамайг цус алдуулж чадахгүй. Гэхдээ цусаар уйлуулж чадна

Үг яг л шивээс шиг

Арилахгүй бас мартагдашгүй

Хамгийн гунигтай түүх

Чи бол хамгийн гунигтай түүх юм

Бид гэдэг зүйл байх боломжгүй учраас

Чи өөр хүнийг сонгосон учраас

Би чамайг сайн мэднэ

Ямар өнгөнд дуртай, ямар дуунд дуртай гээд бүгдийн мэднэ

Хэцүү цагт чинь би л хажууд чинь байсан

Чамайг халамжлана,

хамгаална

Гэхдээ энэ үлгэрт аз жаргалтай төгсгөл гэж байхгүй

문신

가장 아픈 문신이 뭔지 알아?

말이야. 말은 너를 다치게 하지 않아. 하지만 너의 자존감을 해칠 수 있어.

말은 너를 베지 않아. 하지만 너의 마음을 베어낼 수 있어.

말은 너를 피 흘리게 하지 않아. 하지만 너를 피눈물 나게 할 수 있어.

말은 마치 문신과 같아.

사라지지 않고 잊혀지지도 않아.

가장 슬픈 이야기

너는 가장 슬픈 이야기야

우리가 함께일 수 없는 이유는

너가 다른 사람을 선택했기 때문이야.

나는 너를 잘 알아.

네가 좋아하는 색, 네가 좋아하는 노래까지 모두 알아.

힘든 시간에 내가 네 옆에 있었어.

너를 돌보고,

지켜주었어.

하지만 이 이야기에는 행복한 결말이 없어.

Ахиад

Ахиад . Би ахиад л дуралчихлаа

Энэ удаад арай л өөр

Яг л эрвээхэй шиг . Бутарсан сэтгэлийг минь эвлүүлж

Өнгөрсөнд авсан шархыг минь эдгээж

Сэтгэлд тунасан гунигийг мартуулах хүнд дураллаа

Бусад шиг сэтгэлээр минь тоглохгүй

Бусад шиг намайг өвтгөхгүй

Анисан шарх сэдрэхвий гэх айдас бага багаар сарниж байна

Хайрыг үлгэрт л гардаг гэж итгэдэг байсан ч тэр үлгэрийн гол дүр нь байна гэж хэн мэдэхэв

Улаан

"Чиний дуртай өнгө чинь юу вэ?" Гэж тэр асуув

"Би улаан өнгөнд дуртай" гэж би хариулав

"Би ч гэсэн улаан өнгөнд дуртай " гэж тэр хэлэв

"Яагаад?" Гэж би асуув

"Учир нь чамайг бодогдуулдаг юм" гэж тэр хариулав

다시

다시. 나는 다시 사랑에 빠졌어.

이번엔 조금 달라.

마치 나비처럼. 부서진 내 마음을 다시 맞추고

과거의 상처를 치유하며

마음에 남은 슬픔을 잊게 해준 사람에게 사랑에 빠졌어.

다른 사람들처럼 내 마음을 가지고 놀지 않아.

다른 사람들처럼 나를 아프게 하지 않아.

낫던 상처가 다시 아플까 두려웠던 마음이 점점 사라지고 있어.

사랑은 동화 속에만 나오는 줄 알았는데 그 동화의 주인공이 될 줄 누가 알았겠어.

빨강

"네가 좋아하는 색은 뭐야?" 그가 물었어.

"나는 빨강을 좋아해."라고 대답했어.

"나도 빨강을 좋아해."라고 그가 말했어.

"왜?"라고 내가 물었어.

"왜냐하면 네가 생각나니까."라고 그가 대답했어.

Нар

Чамд муухай зүйл зөндөө байгаа яг л од шиг их

Чамд гоё зүйл ганц л байгаа яг л нар шиг ганц

Гэхдээ нар гарч ирэхэд бүх од алга болдог

Гэхдээ

Би ядуу гэхдээ миний сэтгэл биш

Би хүйтэн гэхдээ миний гар биш

Би уйлдаг гэхдээ миний нүд биш

Би боддог гэхдээ миний тархи биш

Би ухаантай гэхдээ миний зүрх биш

Хайр

Би чамд хайртай

Хайртайч байх болно

Энэ хайр хэзээ дуусах вэ гэж үү?

Уулс дов болж , далай ширгэж , нар харанхуйлж , сар бүдгэрч , одод уусаж сарнихад бидний хайр дуусна

태양

네게는 나쁜 일이 별처럼 많지만

좋은 일은 하나뿐이야, 마치 태양처럼

하지만 태양이 떠오르면 모든 별은 사라지잖아.

하지만

나는 가난해, 하지만 내 마음은 가난하지 않아.

나는 차가워, 하지만 내 손은 차갑지 않아.

나는 울어, 하지만 내 눈은 울지 않아.

나는 생각해, 하지만 내 머리는 생각하지 않아.

나는 똑똑해, 하지만 내 마음은 똑똑하지 않아.

사랑

나는 너를 사랑해.

그리고 계속 사랑할 거야.

이 사랑이 언제 끝날 거냐고?

산이 평지가 되고, 바다가 말라버리고, 태양이 어두워지고, 달이 희미해지고, 별들이 사라져 버릴 때 우리의 사랑이 끝날 거야.

Сорви

Хайраас авсан сорви минь хэтэрхий гүн юм

Зүрхийг минь буталсан үг чинь хэтэрхий хурц юм

Намайг хутгалах харц чинь хэтэрхий хүйтэн юм

상처

사랑에서 받은 내 상처는 너무 깊어.

너의 날카로운 말은 내 마음을 산산조각 냈어.

너의 차가운 눈빛은 나를 찌르는 것 같아.

책쓰기 활동 소감

　Энэ шүлэгт бичсэн бүх зүйл миний мэдэрдэг мэдрэмж , миний бодол , миний сэтгэл санаа юм. Бас надад тохиолдож байсан зүйлүүд юм Энэ шүлэгийг бичихэд тийм ч их хугацаа ороогүй. Надад төрсөн мэдрэмж зарим хүмүүст ч гэсэн мэдрэгддэг байх гэж найдаж байна.

　이 시에 쓰인 모든 것은 제가 느끼는 감정, 제 생각, 제 마음 상태를 나타냅니다. 또한 제게 일어났던 일들이기도 합니다. 이 시를 쓰는 데는 그리 많은 시간이 걸리지 않았습니다. 제가 느낀 감정이 다른 사람들에게도 느껴지길 바랍니다.

The person I admire the most
가장 존경하는 사람

3학년 2반 Ganzorig Nomin

3학년 2반 노밍

Hi! I'm Nomin.

Let's talk about the person I admire the most and how did I knew her.

It all started in 2020.

So one day I was scrolling on my phone watching 'Tiktok'. There was one girl went viral on Tiktok and popped up on my FYP.

At first I was not intersested. I thought "some girl going virel on Yikyok" And I didn't think much of it until last year. Last year she went viral again. This time not only Tiktok but also all platform. And then I thought "I should do some digging about her", and I did.

It turns out she is not a some girl, she is a singer. Then I give her a chance. I listened all of her songs. And boom! I liked it so much. You probably wondering who is this singer. It's Olivia rodrigo. I never thought she would be my idol. Now she is half of my heart and I know everything about her.

To be honest I don't know how to describe her. She is just perfect. And her songs too. She usually writes a songs about heart break, break up feeling. Sometime pop, rock type of song. Not gonna lie her songs are really good.

Olivia and I have a same vibe. Which is cool. And her songs brings me different world. She really can release her feelings through song. I can feel how she was hurted, heart broken. But now she has a really handsome boyfriend who is an actor. She has a perfect life. She is pretty, successful and good at singing. She is everything I want to be. Someday I will be like her. Pretty and successful.

안녕하세요! 저는 노밍입니다.

제가 가장 존경하는 사람과 그녀를 어떻게 알게 되었는지 이야기해 볼게요.

모든 것은 2020년에 시작되었습니다.

어느 날, 저는 핸드폰으로 '틱톡'을 스크롤하고 있었습니다. 그때 한 소녀가 틱톡에서 화제가 되어 제 추천 피드에 등장했습니다. 처음에는 별로 관심이 없었어요. '틱톡에서 인기 있는 어떤 소녀'라고 생각하고 큰 의미를 두지 않았죠. 그러나 지난해 그녀가 다시 화제가 되었습니다. 이번에는 틱톡뿐만 아니라 모든 플랫폼에서요. 그래서 '그녀에 대해 좀 더 알아봐야겠다.' 생각하고 실제로 알아봤습니다.

알고 보니 그녀는 단순한 소녀가 아니라 가수였습니다. 그래서 그녀에게 기회를 주기로 했습니다. 그녀의 모든 노래를 들어보았고, 와! 너무 마음에 들었습니다. 여러분도 궁금할 거예요, 이 가수가 누구인지. 바로 올리비아 로드리고입니다.

그녀가 제 우상이 될 줄은 생각도 못 했어요. 이제 그녀는 제 마음의 반쪽이 되었고, 그녀에 대해 모든 것을 알고 있습니다.

솔직히 그녀를 어떻게 설명해야 할지 모르겠어요. 그녀는 그저 완벽합니다. 그녀의 노래도 마찬가지고요. 그녀는 주로 이별과 상처에 대한 노래를 씁니다. 가끔은 팝이나 록 스타일의 노래도 있고요. 정말 솔직히, 그녀의 노래는 정말 좋습니다.

올리비아와 저는 같은 vibe를 가지고 있어요. 그게 정말 멋집니다. 그녀의 노래는 저를 다른 세계로 이끌어 줍니다. 그녀는 노래를 통해 감정을 정말 잘 표현할 수 있어요. 그녀가 얼마나 상처받았는지, 마음이 아팠는지를 느낄 수 있습니다. 하지만 이제 그녀는 잘생긴 배우 남자친구와 함께 멋진 삶을 살고 있습니다. 그녀는 예쁘고, 성공적이며, 노래도 잘 부릅니다. 그녀는 제가 되고 싶은 모든 것입니다. 언젠가는 저도 그녀처럼 예쁘고 성공적인 사람이 될 거예요.

혼자

2학년 6반 차형준

혼자여서 행복하고 혼자여서 슬픈 민승이의 마지막 이야기…

목차

오래된 칫솔모

옆집 아이

혼자

죽음

오래된 칫솔모

오늘도 아침이 밝았다. 나는 평소와 같이 일어나 폰을 봤다. 오늘도 엄마한테 문자가 와 있다.

'민승아 엄마 일 다녀올게. 식탁에 밥 차려 놨어. 그거 먹고 학교가…'

이제는 이 문자도 너무 많이 봐서 굳이 문자를 안 봐도 무슨 내용인지 알 것 같다. 솔직히 밥을 먹기 싫었지만, 막상 학교에 가면 3교시쯤에 배가 고파져서 아침을 억지로 먹었다. 아침은 매일 매일 똑같았다. 김, 밥, 김치… 이제 너무 익숙해져서 밥을 먹어도 맛이 나지 않는다. 그렇게 밥을 먹고 씻으러 갔다. 오늘따라 왠지 학교도 가기 싫고 아무것도 하기 싫다. 그래도 어쩔 수 없으니 양치하러 화장실로 갔다. 칫솔이 너무 오래돼서 칫솔모가 다 빠져간다. 그럴 만도 하다. 이 칫솔만 3년을 썼으니까…

우리 집은 가난하다. 아빠는 우리에게 빚만 남기고 교통사고를 당해 죽었고, 엄마는 아빠가 도박으로 진 빚 때문에 식당 알바와 편의점 알바 등 알바란 알바는 다 하면서 빚을 갚고 있다. 나는 그런 엄마, 아빠가 한심하다. 그럴 거면 만나지를 말지 왜 만나서 나를 낳고 그러냐는 생각이 7살 때부터 내 머릿속에 새겨졌다. 하지만 뭐 내가 어떻게 할 수 있는 것도 아니고…

나는 칫솔모가 다 빠져가는 칫솔로 양치를 한 뒤 학교로 걸어갔다. 집과 학교의 거리는 걸어서 1시간 정도 걸린다. 내 옆집 애도 나와 같은 학교에 다니는데 그 애는 버스를 타고 10분 만에 학교에 간다.

옆집 아이

나는 그 애가 항상 부러웠다.

나처럼 걸어가면서 돌에 걸려 넘어지지 않아도 되고, 가다가 신발 안에 모래와 흙이 들어오지도 않아도 되고 나는 그 애가 정말로 부럽다. 왜냐면 그 애는 엄마, 아빠가 부자이기 때문이다. 소문으로 들은 건데 옆집 애의 엄마 아빠는 유명한 회사의 회장이라고 한다. 어쩐지 그 애는 다 화려하고 반짝반짝하고 비싼 물건만 가지고 있었다. 처음에는 나도 그 애가 부럽고 멋져 보이고 부족한 게 하나 없이 만능으로 보였지만 그 애를 알고 보니 사실 그런 것도 아니었다.

그 애와 나는 같은 반이다. 처음에 먼저 말을 걸려고 그 애한테 다가갔다. 하지만 그러면 안 됐었다. 그 애는 나를 보자마자 "아우 냄새야! 이게 뭔 냄새야?" 하면서 "너는 왜 그딴 싸구려 옷을 입고 있냐? ㅋㅋㅋㅋ 부끄럽지도 않아?"라고 말하며 나를 놀렸다. 그 애 주변에 있는 친구들이 같이 웃으며 나를 놀렸다. 나는 마치 동물원에 갇힌 원숭이 같았다.

그때부터였다. 나는 혼자였다. 같은 반 애들은 나와 눈을 마주치면 원숭이 보듯 웃어 대며 나를 놀렸고 나는 그때부터 반 애들과 말하지 않고 혼자 책상에 엎드려 있었다. 하지만 어쩌겠냐… 내가 뭘 바꿀 수도 없고.

나는 그렇게 내 옆집 애에 대한 분노를 느끼며 다시 학교에 걸어가고 있다.

오늘따라 발걸음이 무겁다.

가도 가도 학교가 나오질 않는다. 그렇게 오래 걷다 보니 학교가 눈앞에 나타났다. 학교에 들어가서 평소와 똑같이 구석 자리에 앉아 수업이 시작하길 기다리며 책상에 엎드려 있었다. 옆집 아이가 나에게 연필을 던진다. 나는 그냥 무시한다. 그리고 책상에 다시 엎드려 '제발 이 세상에 나 혼자면 좋겠다.'라고 그냥 마음속으로 말했다.

혼자

근데 그 뒤로 계속 이상한 일이 일어났다.

나는 분명 책상에 엎드린 지 20분 정도 지났는데 왜 주변 애들 소리가 들리지 않고 수업 시작종도 치지 않는 거지?

나는 이상해서 고개를 들고 주위를 살펴봤지만 아무도 없었다. '뭐지?' 하고 밖에 나갔는데 사람이 아무도 없고 심지어 선생님도 학생들도 아무도 없었다. 나는 순간 '꿈이구나!' 하고 볼을 꼬집었는데 너무 아팠다. '진짜 이제 미친 건가.' 하고 계속 내 볼을 꼬집어도 계속 아팠다. 그 순간 나는 아까 했던 말이 생각났다.

'제발 이 세상에 나 혼자면 좋겠다.'

설마 이 말이 진짜로 이루어진 건가?

근데 너무 현실적이지 않잖아?

'에이 설마…' 하면서 빨리 집으로 달려갔다.

집으로 가는 거리에 사람이 한 명도 없었다.

집에 도착해 TV를 켜는데 TV에 파란색 글씨로

'세상에 너 혼자뿐이다.'

라는 글씨만 적혀 있었다.

나는 그 글을 읽고 진짜 내 말이 이루어졌다는 것을 알게 되었다.

세상에 나 혼자만 있다고 생각하니까 지금까지 살면서 느껴보지 못한 가장 행복한 기분이 들었다.

나는 제일 먼저 편의점으로 뛰어갔다. 편의점에는 사람이 아무도 없었지만 물건과 음식은 그대로 있었다. 나는 진짜로 기뻤다. 전에는 가난해서 돈이 없어 먹고 싶은 것도 제대로 먹지도 못하고 옷도 엄마가 만들어줘서 그 옷을 거의 평생 입고 다녔는데 이제는 사람이 없으니 마트에 가서 내가 원하는 옷을 마음껏 입을 수 있고, 음식도 내가 먹고 싶은 것을 마음껏 먹을 수 있다. 진짜 말로 표현할 수 없을 만큼 기분이 너무너무 좋았다. 진짜 이런 기분은 살면서 처음 느끼는 것 같다. 나는 편의점에서 전부터 먹고 싶었던 음식을 하나하나 다 먹어 치우고 후식으로 젤리 한 개를 먹고 또 빙수 가게에 가서 내가 원하는 빙수를 만들어서 먹었다.

그런데 계속 궁금한 점이 생겼다.

'영원히 나는 혼자인 건가? 갑자기 왜 사람들이 사라진 건가?'

하지만 지금은 혼자인 게 그냥 좋았다.

저녁이 되고 나는 고급 리조트에서 혼자 잠을 잤다. 다음날이 되고 내

생활은 점점 비슷해져 갔다. 아침에 일어나면 편의점이나 식당을 돌아다니며 내가 먹고 싶은 음식을 먹고 가끔 놀이공원에서 놀이기구를 타거나 리조트에 있는 수영장에서 수영하거나 또 아니면 영화관에 가서 영화를 봤다. 그렇게 한 달이라는 시간이 지나고 나는 점점 혼자인 게 외롭고 너무 지루해져 갔다. 처음에는 혼자이면 평생 재미있게 살 줄 알았는데 점점 갈수록 질리고 재미없고 가끔 엄마가 보고 싶기도 했다. 나는 다시 사람들을 찾는 방법을 알기 위해 집으로 가서 TV를 켰다.

그 순간 나는 깨어났다.

죽음

정신을 차려보니 내가 병원에 이상한 장치를 몸에 두르고 누워 있었다. 그 순간 흰색 가운을 입은 남자가 내게 다가와 이렇게 말했다.

"김민승씨는 옆집에 사는 ㅇㅇㅇ님한테 머리에 연필을 맞았습니다. 김민승씨가 무시하고 엎드려 있자. ㅇㅇㅇ님이 손으로 김민승씨의 머리를 강력하게 가격하는 바람에 김민승씨는 20년 동안 의식 불명 상태에 있습니다."

나는 순간 너무 당황하고 놀랐다. 지금껏 혼자 있다고 생각한 것이 다 꿈이었다는 것을 깨달았다.

하지만 궁금한 건 내가 꿈에서 꼬집어도 아팠다는 것이다. 그걸 흰색 가운을 입은 남자에게 말하자 그 남자는 나를 위해 내 뇌파의 흐름을 현실처럼 느낄 수 있도록 장치를 붙여 놓아서 그렇다고 말했다.

나는 물었다.

"옆집에 사는 ㅇㅇㅇ씨는 어떻게 됐나요?"

그 사람은 죽었다고 한다.

나는 너무 당황스러웠다. 그래도 오히려 잘됐다는 생각이 들었다. 혼자 있는 것이 너무 외롭고 심심하고 지루했는데 그것이 꿈이라는 것이 오히려 다행이라는 생각도 들었다. 나를 괴롭히던 사람이 죽어서 안타깝지만 또 다행이라는 생각도 들었다. 나는 그렇게 3일 동안 병원에 있다가 퇴원하기 전날 병원에서 마지막으로 저녁을 먹고 다시 잠에 들었다.

그리고 다음 날 다시 일어났다.

그 순간 나는 깨달았다.

나는 죽었다는 것을…….

에필로그

병원에서 마지막으로 민승이의 호흡기를 제거하던 날, 너의 밝은 미소가 엄마의 슬픈 마음을 위로하는구나… 먹고 싶은 것 실컷 한 번 먹어보지 못한 이 어미를 용서해 주겠니? 하늘나라에서 다시 만날 때까지 편히 쉬렴…ㅠㅠ

책쓰기 활동 소감

  처음에는 소설 쓰기가 너무 귀찮고 하기 싫어서 계속 미뤘는데 한번 해 보니까 내가 직접 소설을 쓰는 거라 재미있었습니다. 내가 마치 소설가가 된 느낌을 받았고 소설가가 얼마나 힘든 일인지도 알게 되어 흥미로운 경험을 했다는 생각을 했습니다.

  처음에는 아이디어와 소재가 떠오르지 않아 고민을 많이 했습니다. 점점 이야기가 구체화하면서 글쓰기에 대한 흥미와 열정이 생겼습니다. 여러 번의 수정과 보완을 통해 조금씩 더 나은 작품으로 발전해 나가는 과정을 겪으면서 큰 성취감을 느꼈습니다.

  책을 완성하고 나서 그 과정에서 겪었던 고생과 노력이 모두 가치 있었음을 느끼며 글을 쓰게 도와주신 책쓰기 동아리 선생님께 감사함을 느낍니다. 또 책을 완성했을 때의 성취감은 말로 표현할 수 없을 만큼 뿌듯했으며 나의 생각이 하나의 작품으로 남는다는 것이 정말 특별한 일이며 앞으로도 계속 글을 쓰고 싶다는 생각이 커졌습니다. 다음에도 이런 기회가 있었으면 좋겠다는 생각이 듭니다.

  처음 소설을 써 보는 거라 내용이 많이 이상할 수도 있는데 그래도 재미있게 봐주세요. ^^

A Memorable day in my life
내 인생에서 기억에 남는 날

1학년 3반 Jamandre Yya Rane

1학년 3반 레인

My name is Rane. From The Philippines who's now living and studying in South Korea. I like making stories, listening to music, playing guitar and also good at drawing.

제 이름은 레인입니다. 필리핀에서 왔고 현재 한국에서 살면서 공부하고 있습니다. 저는 이야기 만들기를 좋아하고, 음악 듣기와 기타 연주를 즐기며, 그림도 잘 그립니다.

Life is full of various events, moments, memories and experiences. But all of these are not equally important, enfoyable and memorable. Some memories in life are good and some are bad. Everyone has a special memory that they will like spending your time with the people you like.

One memorable day in my life was when my family and I went to my dream country, South Korea. That day the weather was good. The sun was shining, and the sky was clear as we walked along winding roads. The next day we went to Nami island and a peaceful park. We laugh, shared stories, and enjoyed each others without any distractions. It was a day filled with simple joys and genuine connections. We built a memories that we didn't even realize that this moment we'll cherished memoires that we'll always treasure.

Second memorable day in my life is when I got an opportunity to exhibit my talent on stage in front of a huge audience. I always dream to be a dancer like my dad. I was a bit nervous, but got over it soon when my performance was well received and the audience acclaimed me with their applauds. The incident made me feel on top of the world.

Third memorable day in my life was when last year we went to our real home country, The philippines. My family took me to a trip to the beach. We packed a picnic basket with snacks and piled into the car with excitement. This journey was filled with laughter, singing and games. We spent the day building sand castle, splshing in the water, and collecting seashells. As the sun set we huddled together around a bonfire, roasting marshmallows. It was a simple day but for me the happiness togetherness and excitement made me feel that this day was made it unforgettable to me. No words can express how much it made me happy.

The fourth memorable day in my life was my 7th birthday! I'll never forget that and I think it was my finest birthday yet plenty of things started to happen. On my birthday my grandmom made my favorite breakfast, my aunt also oftened me a large lollipop for dessert. The birthday celebration at my house made the day even more special. When I was a kid, I hate boys so I didn't experience the 7th roses dance, but my friends filled my heart with so much joy with their wonderful birthday wishes. Thanks to all my friend that came to my birthday it was wondarful and made it memorable birthday to me! I was amazed to recieve so much love and affection from my loved ones and family. I would love to express my heart felt gratitude to all who wished me a remembered me on my birthday! I will always cherish that day.

The last memorable day in life was I met my father after not meeting him from a long long years. He stayed to Japan so I didn't have one chance to meet him in personal. 1 only I have chance to talk with him on phones, in every events in school I'm not with him because he's in Japan earning money for me, my future. I was met at him because in my graduation day he didn't shouded but when I get older year by year, I understand why he wasn't showing to my school events. When its Aug 2018 we've met, that day made me feel emotional and happiness. I hug him while I was crying seeing his face for the first time made my heart melt. I thought he's not coming back to Japan, but I was wrong after 1 week he went to go to Japan again and this time I didn't met him again. He's in Japan and I lived in Korea now. We barely talk and message because we're both busy on our own lives, I miss being a daddy's girl. And this time I don't have any updates about him. Since I lived here in

Korea I feel like I don't have him in my life, and I feel he's happy with his new family now. But It's okay. I'm living better with/without him. But the moment I met him was the best memories to me. I also told my friends that I met my father, and hug him tightly. Hugging him and realizing that not everytime he's with me. So I spend all day talking with him, because I'll never meet him again after many years. So while you have time spend all your time with your love ones.

All the memories I've shared to all of you, I know it will be emotional because there is bad, good, sad moments. I hope you enjoy reading my memories.

인생은 다양한 사건, 순간, 기억, 경험으로 가득 차 있습니다. 하지만 이 모든 것들이 똑같이 중요하거나 즐겁거나 기억에 남는 것은 아닙니다. 인생의 기억 중에는 좋은 것도 있고 나쁜 것도 있습니다. 누구나 좋아하는 사람들과 시간을 보내고 싶어 하는 특별한 기억을 가지고 있습니다.

내 인생에서 기억에 남는 날 중 하나는 가족과 함께 꿈의 나라, 한국에 갔던 날입니다. 그날 날씨가 좋았고, 태양이 빛나고 하늘은 맑았습니다. 우리는 구불구불한 길을 따라 걸었습니다. 다음 날 우리는 남이섬과 평화로운 공원에 갔습니다. 우리는 웃고, 이야기 나누며, 방해받지 않고 서로의 시간을 즐겼습니다. 그날은 간단한 즐거움과 진정한 유대감으로 가득 찼습니다. 우리는 이 순간이 우리가 소중히 여길 기억이 될 것이라는 것을 깨닫지도 못한 채 기억을 쌓았습니다.

내 인생에서 두 번째로 기억에 남는 날은 무대에서 많은 관객 앞에서 내 재능을 발휘할 기회를 얻었을 때입니다. 나는 항상 아빠처럼 댄서가 되는 꿈을 꿨습니다. 처음에는 조금 긴장했지만, 내 공연이 좋은 반응을 얻자 금세 그 긴장을 극복했습니다. 관객들이 박수로 나를 환영해 주었을 때, 나는 세상의 정점에 서 있는 기분이었습니다.

내 인생에서 세 번째로 기억에 남는 날은 작년에 우리 고향인 필리핀에 갔던 날입니다. 가족과 함께 해변으로 여행을 갔습니다. 우리는 간식이 가득한 피크닉 바구니를 챙기고 흥분을 안고 차에 올랐습니다. 이 여행은 웃음, 노래, 게임으로 가득 차 있었습니다. 우리는 모래성을 쌓고, 물놀이를 하며, 조개껍데기를 주웠습니다. 해가 지고 우리는 모닥불 주위에 모여 마시멜로를 구웠습니다. 간단한 날이었지만, 함께한 행복과 설렘 덕분에 그날은 잊지 못할 날이 되었습니다. 이로 인해 얼마나 행복했는지 표현할 방법이 없습니다.

내 인생에서 네 번째로 기억에 남는 날은 내 7번째 생일이었습니다! 그날을 결코 잊지 않을 것이고, 지금까지의 생일 중 가장 특별했다고 생각합니다. 생일에 할머니는 내가 좋아하는 아침을 만들어 주셨고, 이모는 큰 롤리팝을 디저트로 주셨습니다. 집에서의 생일 축하 덕분에 그날은 더욱 특별해졌습니다. 어릴 적에는 남자애들을 싫어했기 때문에 7세 꽃바구니 춤을 경험하지 못했지만, 친구들이 보내준 멋진 생일 축하 덕분에 너무 행복했습니다. 내 생일에 온 모든 친구들에게 고마움을 전합니다. 정말 멋진 날이었고 기억에 남는 생일이 되었습니다! 사랑하는 가족과 친구들로부터 받은 많은 사랑과 애정에 놀랐습니다. 내 생일을 기억해 주신 모든 분들께 진심으로 감사의 마음을 전하고 싶습니다! 그날은 항상 소중히 여길 것입니다.

마지막으로 기억에 남는 날은 오랜 시간 동안 보지 못한 아빠를 만났던 날입니다. 아빠는 일본에 계셔서 개인적으로 만날 기회가 없었습니다. 전화로만 이야기를 나눴고, 학교 행사 때마다 아빠는 일본에 계셔서 함께하지 못했습니다. 졸업식 날 아빠가 나타나지 않아 아쉬웠지만, 나이가 들면서 그 이유를 이해하게 되었습니다. 2018년 8월에 만났을 때, 그날은 감정적이고 행복한 날이었습니다. 처음으로 그의 얼굴을 보고 눈물을 흘리며 그를 껴안았습니다. 그는 일본으로 다시 돌아갈 것이라고 생각했지만, 1주일 후에 일본으로 돌아갔습니다. 나는 이제 한국에 살고 있습니다. 우리는 각자의 삶에 바쁘기 때문에 거의 연락하지 않지만, 아빠와의 소중한 순간이 그리워집니다. 그를 만나지 못한 이후, 아빠는 새 가족과 함께 행복해하는 것 같아 괜찮습니다. 그를 만났던 순간은 나에게 최고의 기억입니다. 친구들에게 아빠를 만났다고 이야기하며 그를 꼭 껴안았습니다. 그를 껴안으면서 매번 함께할 수는 없다는 사실을 깨달았습니다. 그래서 나는 그와 하루 종일 이야기했습니다. 여러 해 후 다시 만나지 못할 것이기 때문에, 사랑하는 사람들과 시간을 보내는 것이 중요합니다.

제가 여러분과 나눈 모든 기억은 감정적일 것이라고 생각합니다. 좋고 나쁘고 슬픈 순간들이 있기 때문입니다. 제 기억을 읽어주서서 감사합니다.

책쓰기 활동 소감

Writing books feels boring, I know but sharing your wonderful experiences to others and they're liking it, and that made your tiredness away.^^ Writing this made me feel a little bit emotional and touched. i would love to hear your stories, sad memories, experiences because being heard would make u feel better and relaxed.

책을 쓰는 것은 지루하다고 느껴질 수 있어요. 하지만 자신의 멋진 경험을 다른 사람들과 나누고, 그들이 그것을 좋아해 준다면 피로가 모두 사라지는 것 같아요.^^ 이 글을 쓰면서 저도 조금 감정적이고 뭉클한 기분이 들었어요. 여러분의 이야기, 슬픈 기억, 그리고 경험도 듣고 싶습니다. 누군가가 들어주는 것만으로도 마음이 한결 편안해지고 안정감을 느낄 수 있으니까요.

Reason why you should travel The Philippines.
필리핀 여행을 해야 하는 이유

1학년 3반 Jamandre Yya Rane

1학년 3반 레인

The Philippines is a country located in southeast asia in the western pacific ocean. It is over 7000 islands which is grouped into three main geographical areas Luzon, Visayas and Mindanao. The official languages of the Philippines are Filipino, which is based on tagalog and english. The Philippines has a diverse population made up of various ethnic groups, including tagalog. Cebuano, Ilocano and haligayno.

The Philippines is a beautiful country! Aren't you curious about how your remote workers live in the Philippines?

Whether you are travelling for business or pure pleasure, the Philippines should be one of the destinations you should go to. The "Pearl of the orient" has so much to offer. And you'll probably fall in love at first sight.

Yes, it has its flaws (Manila traffic), but the benefits far outweigh the cons. If you want to experience the culture before you hire Filipinos or to make your relationship with your remote workers stronger

First, the Philippines is basically a no-brainer destination. From the amazing chocolate hills to the white sand beaches and the Banaue rice terraces, this country is like a playground of beauty.

Second, Philippines is the exceptionally beautiful archipelago nation in Southeast Asia, is blessed with a abundance of natural resources, a rich history, and unique culture. is one of the most enchanting tourist's destinations in the world. Famous for its enchantingly beautiful islands, rolling green mountains, exotic beaches, amazing volcanoes, world-class diving spots and unique wildlife among many more attractions, the Philippines is a wonderful travel destination to be in. As one of the most visited tourist destination of the world Travel to Philippines to discover this enchanting island paradise, which never fails to mesmerize its visitors.

why do people love the Philippines?

Philippines has the warmth and friendliness of the locals can be felt throughout the country, making visitors feel instantly welcome and at ease. This unique trait has earned the Philippines the title of "Land of Smiles" and has cemented its place as one of the world's friendliest nations.

And also among other unique features and natural beauty, the Philippines have gained significance with the Chocolate Hills. Located in Central Bohol, this hill range constitutes an unusual geographical formation. Moreover, this area consists of multiple hills which look like giant chocolate kisses. These are the results of coral deposits through rain and erosion. Nevertheless, these hills retain their brown and chocolate colour during the dry season of November to May.

Island, places & facts

The Philippines is known for having beautiful islands. Some of the most popular islands in the Philippines include Luzon, Siargao Island, Mindanao, Palawan, Coron Island, etc. Hopefully, now you have a better idea about what the Philippines is famous for. As this article pointed out, the Philippines has amazing weather and is surrounded by beaches and islands. Apart from the stunning views, the area features waterparks, water sports and exotic wildlife. Beaches and islands in The Philippines is mainly popular for its beautiful beaches and islands. white sand beaches are here, which increases its scenic beauty. This is a reason behind the popularity of this country among couples planning honeymoons. Some of the popular islands include Boracay, Palawan, and Siargao. Moreover, it is the home to White Beach, a popular sandy beach with crystal clear white sands. Further, these islands and beaches offer stunning sunset views. The Philippines has gained fame for offering amazing nightlife experiences to visitors. Beach parties are common in the famous pubs of Boracay. Moreover, you can find multiple nightclubs around this country. Local beer in the Philippines is popular worldwide, which is also cheap and affordable. Another popular aspect here can be Karaoke nights. Filipino people enjoy this activity at

필리핀은 서태평양에 위치한 동남아시아의 나라로, 7,000개가 넘는 섬으로 이루어져 있으며, 주로 루손, 비사야, 민다나오라는 세 가지 주요 지리적 지역으로 그룹화됩니다. 필리핀의 공식 언어는 타갈로그를 기반으로 한 필리피노와 영어입니다. 필리핀은 타갈로그, 세부아노, 일로카노, 할리가이노를 포함한 다양한 민족 그룹으로 구성된 다채로운 인구를 가지고 있습니다.

필리핀은 아름다운 나라입니다! 필리핀에서 원격 근무자들이 어떻게 사는지 궁금하지 않으세요? 비즈니스 여행이든 순수한 여가를 위한 여행이든, 필리핀은 꼭 가봐야 할 목적지 중 하나입니다. "동양의 진주"인 필리핀은 제공할 것이 많습니다. 첫눈에 반할 가능성이 높습니다. 물론 단점도 있습니다(마닐라의 교통 체증), 하지만 이점이 단점보다 훨씬 더 큽니다. 필리핀 문화를 경험하고 싶거나 원격 근무자와의 관계를 강화하고 싶다면, 필리핀은 기본적으로 최적의 여행지입니다. 멋진 초콜릿 언덕에서부터 백사장 해변, 바나우에 쌀 테라스까지, 이 나라는 아름다움의 놀이터와 같습니다.

두 번째로, 필리핀은 동남아시아에서 특히 아름다운 군도 국가로, 풍부한 자연 자원, 풍부한 역사, 독특한 문화를 지니고 있습니다. 필리핀은 세계에서 가장 매혹적인 관광지 중 하나입니다. 매혹적으로 아름다운 섬들, 구불구불한 초록 산, 이국적인 해변, 놀라운 화산, 세계적 수준의 다이빙 장소와 독특한 야생 동물 등 많은 매력을 자랑합니다. 필리핀은 방문객들을 매료시키는 이 매혹적인 섬 천국을 발견하기 위한 여행지입니다.

사람들이 필리핀을 사랑하는 이유는 무엇인가요?

필리핀의 따뜻하고 친근한 현지인들은 전국 어디서나 느낄 수 있어, 방문객들이 즉시 환영받고 편안함을 느끼게 합니다. 이 독특한 특성 덕분에 필리핀은 "미소의 땅"이라는 칭호를 얻었고, 세계에서 가장 친절한 국가 중 하나로 자리 잡았습니다. 또한 독특한 특징과 자연미 외에도 필리핀은 초콜릿 언덕으로 유명합니다. 중앙 보홀에 위치한 이 언덕은 독특한 지형 형성을 이루고 있습니다. 이 지역은 거대한 초콜릿 키스처럼 보이는 여러 개의 언덕으로 이루어져 있습니다. 이는 산호 퇴적물의 비와 침식의 결과입니다. 그럼에도 불구하고 이 언덕은 11월에서 5월까지의 건기 동안 갈

색과 초콜릿 색을 유지합니다.

섬, 장소 및 사실

필리핀은 아름다운 섬들로 유명합니다. 필리핀에서 가장 인기 있는 섬들로는 루손, 시아르가오 섬, 민다나오, 팔라완, 코론 섬 등이 있습니다. 이제 필리핀이 무엇으로 유명한지 좀 더 잘 알게 되었길 바랍니다. 이 글에서 언급했듯이, 필리핀은 놀라운 날씨와 해변, 섬들로 둘러싸여 있습니다. 멋진 경관 외에도 이 지역은 워터파크, 수상 스포츠, 이국적인 야생 동물 등으로 가득 차 있습니다. 필리핀의 해변과 섬들은 주로 아름다운 해변과 섬들로 유명합니다. 이곳의 백사장 해변은 경관의 아름다움을 더합니다. 이로 인해 이 나라는 허니문을 계획하는 커플들 사이에서 인기가 많습니다. 인기 있는 섬으로는 보라카이, 팔라완, 시아르가오가 있습니다. 더욱이, 필리핀에는 크리스탈처럼 맑은 백사장이 있는 화이트 비치가 있습니다. 이러한 섬과 해변은 멋진 일몰 전망을 제공합니다. 필리핀은 방문객들에게 놀라운 밤문화 경험을 제공하는 것으로 유명합니다. 해변 파티는 보라카이의 유명한 펍에서 흔히 열리며, 이 나라 곳곳에서 여러 클럽을 찾을 수 있습니다. 필리핀의 로컬 맥주는 전 세계적으로 인기가 있으며 저렴하고 접근하기 쉽습니다. 또 다른 인기 있는 요소는 노래방 밤입니다. 필리핀 사람들은 이 활동을 즐깁니다.

책쓰기 활동 소감

I hope reading The philippines invitation made you feel you like to travel The philippines. traveling with your love ones would make it more exciting and memorable. traveling feels like your forgetting all your problems and focusing on yourself. I hope you learned many fun facts about The philippines. You are always welcome to The philippines.

필리핀 초대장을 읽으면서 필리핀에 여행하고 싶은 마음이 생겼기를 바랍니다. 사랑하는 사람들과 함께 여행을 하면 더욱 흥미롭고 기억에 남는 시간이 될 거예요. 여행은 모든 문제를 잠시 잊고 나 자신에게 집중할 수 있는 기회처럼 느껴지기도 하죠.

필리핀에 대해 재미있는 사실들을 많이 알게 되셨기를 바라며, 언제든 필리핀에 오시는 것을 환영합니다!

MY DREAM

2학년 1반 정유선

저 자신과의 꿈의 대화를 들려 드릴게요!

쉿, 여러분도 귀기울여 보세요…

무얼 가장 하고 싶은지 마음이 속삭이는 소리를요~

목차

막연했던 어린 시절

갑작스런 즐거움

꿈의 대화

요리사

막연했던 어린 시절

어릴 때부터 딱히 꿈이 없었다. 공부보다는 친구와 노는 게 더 좋았다. 그렇게 초등학교 6년을 친구와 노는 데 시간을 썼다. 중학교에 입학했을 때 내 머릿속은 오직 급식 생각뿐이었다. 우리 학교는 근처의 중학교 중 급식이 맛있기로 소문난 곳이어서 집에서 30분 거리이지만 굳이 지원을 했다.

중학교에 들어오고 나니 주변 친구들이 모두 공부에 매진하고 있었다. 친구들과 친해졌지만 학교 밖에서 같이 논 적이 없다. 친구들은 학원 때문에 매일 시간이 없었다. 나도 학원을 다니기는 했지만 공부보다는 학원에서 친구들과 놀고 싶었기에 다녔다. 나는 운동장에서 뛰어노는 것보다 교실 안에서 수다 떠는 것이 좋았기에 매일 도서관에 갔다. 도서관에 가면 3학년 언니들과 사서 선생님이 계셔서 점심시간이 끝날 때까지 수다를 떨었다. 시간은 빠르게 흘러 중간고사가 다가왔다. 그땐 학교가 정말 죽이고 싶을 정도로 싫었다. 학원에서는 매일 저녁 10시까지 남겨서 공부를 시켰고, 숙제로 몇십 문제를 받아와서 집에서 또 숙제를 해야 했다. 숙제를 다 하는데 새벽까지 시간이 걸렸고 나는 늘 숙제를 하다가 잠이 들었다. 학교에서 자습 시간을 주면 학원 숙제를 하거나 잠을 잤다. 하지만 선생님들은 자습 시간에 잠을 자게 그냥 두지 않았다. 시험 기간 내내 수면 부족에 시달렸다. 시험이 끝나면 학원에서는 틀린 문제에 대해 선생님의 잔소리를 들어야 했다. 솔직히 꿈도 없는데 내가 왜 공부를 해야 하는지 이해가 되지 않았고, 시험 기간만 되면 이 짓을 계속 해야 한다는 것이 정말 짜증 났다. 하지만 학원을 그만두면 친구와 놀지 못했기 때문에 학원을 계속 다녔다. 부모님은 맞벌이이기 때문에 집에 매일 혼자 있는 것도 싫었다.

갑작스런 즐거움

기말고사가 끝나고 매미가 시끄럽게 울기 시작함과 동시에 여름방학을 맞이했다. 방학 때에는 집에서 하루 종일 잘 생각에 너무 좋았다. 하지만 학원은 방학이라는 이유로 학생들을 몇 시간 동안이나 남겨 놓고 예습을 시켰다. 아침 10시에 학원에 가서 12시에 수업을 마치고 밥을 먹고 다시 학원에 가서 공부를 한 후 오후 4시가 되어서야 집에 올 수 있었다. 집에서 밥을 먹고 숙제를 하면 해가 져 있었다. 잠깐 게임을 하면 시간이 정말 빠르게 흘러 잘 시간이 되어 버렸다. 자고 싶지 않지만 침대에 누워야 했다. 언젠가부터 잠을 잘 못잤다. 자려고 누우면 두 시간 동안 잠을 설치게 된다. 그러다가 아침 8시가 되면 또 일어나 학원에 갈 준비를 한다. 나는 방학 내내 단 한 번도 늦잠을 자지 못했다. 좋게 말하면 규칙적인 생활을 지킨 것이다. 그렇게 짧으면 짧고 길면 긴 여름방학이 끝이 났다. 학교에서 방학 숙제로 종이 쪼가리 같은 것을 주었지만 받자마자 쓰레기통에 던져버렸다. 학교에서 방학 숙제를 걷을 때 우리 반 24명 중 절반이 나처럼 버렸는지 숙제를 내지 않았다. 선생님이 뭐라 혼내셨지만 듣지도 않았다.

2학기가 시작된 지 얼마 지나지 않아 베트남에 2주 동안 가게 되었다. 우리 집은 흔히 말하는 다문화 가정이다. 엄마가 베트남 사람인데 법이 바뀌면서 갱신을 해야 하는 서류가 있어서 베트남에 꼭 가야 하는 상황이었다. 아빠는 회사를 갑자기 빠질 수 없기에 엄마와 나만 베트남에 가게 되었다. 학교에 급하게 말을 해서 담임 선생님께 혼이 났다. 급하게 갈 준비를 하다 보니 비행기 시간도 놓쳐 버렸다. 엄마가 일요일 새벽에 떠나는 비행기를 월요일 새벽이라고 착각하셨기 때문이다. 엄마는 새벽에 급하게 나를 깨우고 다른 비행기 표를 잡으셨다. 아침에 바로 출발하는 비행기여서 공항에 도착해서도 몇 시간이나 기다려야 했다. 심지어 바람까지 불어 정말 추웠다. 나는 후드티 하나 걸치고 공항 문이 열릴 때까지 밖에서 덜덜 떨면서 버텨야 했다. 하지만 나는 이 상황이 나쁘게 느껴지지 않았다. 오히려 즐거웠다. 매일 똑같은 하루를 보내서 그랬는지 모르겠다. 새로운 변화가 일어난 상황이 너무 재미있었다.

　공항에서 일출도 보았다. 드디어 공항 문이 열렸다. 공항에서 대충 밥을 사 먹고 비행기를 타고 베트남에 도착했다. 베트남 호찌민에 도착하자마자 근처 식당에서 음식을 포장하고 엄마와 아는 사람의 집에 가서 같이 밥을 먹었다. 그때 택시 운전자도 함께 밥을 먹었는데 엄마와 이야기를 잘 나누시길래 서로 아는 사이인가 했더니 오늘 처음 본 사람이라고 하는 것이다. 나는 굉장히 놀랐는데 엄마와 지인분들은 아무렇지 않은 것 같았다. 밥을 먹고 다음 행선지로 이동했다. 호찌민 공항에서 4시간 거리인 엄마의 고향 껀터로!

베트남 곳곳에 베트남의 국기인 금성홍기가 걸려 있었다. 가면서 신기했던 것은 오토바이를 타는 사람들 모두가 약속이라도 한 듯 헬멧을 착용하고 있다는 것이다. 헬멧을 쓰지 않은 사람을 보기 힘들 정도였다. 해가 질 무렵 껀터에 도착하고 엄마의 친구 집에서 며칠간 지내게 되었다. 간만에 잠을 설치지 않고 푹 잘 잤다.

다음날 엄마는 아침부터 처리할 일이 많아서 안 계셨다. 엄마의 친구인 상 이모와 함께 있었는데 이모가 갑자기 나를 깨우더니 엄마와 통화를 시켜 주셨다. 알고 보니 내가 점심을 먹을 시간까지 안 깨고 계속 자서 걱정이 되었다는 것이다. 엄마가 이모에게 괜찮다고 해주셨고 엄마는 4시간 뒤에 돌아오셨다. 엄마가 돌아오자마자 같이 근처에 있는 식당에 가서 먹거리를 샀다. 베트남 시장은 계산법이 특이했다. 원하는 개수만큼 저울에 담고 무게를 재어 무게만큼 돈을 내는 식이었는데 자신이 먹을 만큼 살 수 있어서 좋았다. 집에 와서 과일과 저녁이 함께 차려졌다. 한국은 과일이 후식이라고 생각하지만 베트남은 식사와 과일을 구분 없이 함께 차려놓고 먹는다. 또 베트남 사람들은 고기보다 야채를 더 많이 먹는다. 이해가 되는게 야채가 엄청 싱싱하고 맛있었다. 고기도 맛있긴 했지만 금방 질렸고 고기보다 야채를 더 많이 먹게 되었다.

상 이모 집에서 4일간 지내는 동안 엄마의 옛 동창들과 함께 이곳저곳으로 놀러 다녔다. 그때만큼은 정말 생각 없이 신나게 놀았다. 시내에 가서 맛있는 음식도 먹고 외할머니와 외할아버지도 보고 처음으로 양고기도 먹어보았다. 양고기 탕과 찜을 시켰는데 고기와 야채가 가득 들어 있었다. 양고기는 잡내가 심하다고들 하지만 생각보다 괜찮았다. 탕에 야채가 많이 들어 있었는데 국물이 담백하고 양고기 잡내를 잡아 주었다. 먹으면서 신기했던 것은 사람들이 얼음컵에 맥주를 부어 마시고 있는 장면이었다. 아마 우리 아빠가 보셨으면 충격받았을 것이다. 배부르게 먹고 호텔로 가는데 삼촌과 이모들이 모두 맥주를 마신 상태로 오토바이를 타고 호텔로 가는 것이다. 정말 충격적이었다. 오토바이를 태워 준다고 했을 때 죽을까 봐 정말 겁이 났다. 엄마는 피곤했는지 바로 주무셨다. 나도 내일을 위해 바로 잠에 들었다.

새벽 이른 아침에 엄마가 갑자기 나를 깨웠다. 택시를 타고 수산 시장으로 갔다. 새벽부터 아침 해 뜰 때까지 장사를 하는 곳이었는데 예전부터 가고 싶었던 곳이다. 배를 타고 이동하면서 국수도 먹고 간식도 사 먹었다. 그 사이 해가 뜨기 시작했는데 그 풍경이 말로 설명하기 어려운 정도로 아름다웠다. 시장의 규모가 작았기 때문에 보트 타는 것이 금방 끝이 났다. 이제 집에 갈 시간이 다가왔기에 짐을 싸고 공항으로 갔다. 가는 내내 지난 2주간의 일들이 주마등처럼 스쳐 지나갔다. 비행기 안에서도 2주간 있었던 일들이 계속 떠올랐다. 그 행복과 즐거움이 계속 지속되었으면 하는 마음과 함께 다시 집으로 돌아왔다.

꿈의 대화

여행을 다녀온 후 처음으로 내가 무엇이 되고 싶고, 무엇을 하고 싶은지에 대해 고민하게 되었다. 행복이 무엇인가를 시작으로 내 머릿속은 물음표로 가득 찼다. 학원도 그만두고 물음표를 해결하기 위해 몰두했다. 처음으로 미래에 대한 두려움을 느끼게 되었고 부모님과 사소한 이유로 자주 싸웠다. 내가 점점 필요 없는 존재이고 쓰레기 같은 존재라는 생각이 들었다. 그때마다 내 머리카락을 잡고 한 움큼씩 뽑아내기 시작했다. 갑자기 울다가 화를 내는 등 감정 변화가 정말 심해졌다. 잠을 안 자고 휴대폰을 10시간 사용하기도 했고, 이틀간 밥을 한 끼도 먹지 않기도 했다. 단풍잎이 떨어지고 매서운 바람이 불 때까지 이런 나의 행동은 계속되었다. 이런 나의 행동을 누군가에게 말하기에는 너무 부끄러웠기 때문에 학교에서는 일절 표를 내지 않았다. 학교생활과 집에서의 생활은 완전 달랐다. 집에서 나는 말도 하지 않고 학교에서는 끊임없이 말이 터져 나왔다. 베트남에 가서 느꼈던 즐거움을 다시 한번 느끼고 싶었다. 그리고 부모님과 싸우기 싫었다.

어느 날 나는 여느 때와 마찬가지로 주말을 보내고 있었다. 오랜만에 내 방의 쓰레기를 버리고 다시 방으로 들어가는 길에 거실 TV에서 요리를 알려주는 프로그램이 방영되고 있었다. 나는 방으로 들어가지 않고 거실에 앉아 TV를 보기 시작했다. 방송을 보는 내내 마음이 너무 즐거웠고 방으로 들어갈 생각을 하지 못하고 계속 TV를 보았다.

중학교에 들어오기 전 엄마는 허리 디스크로 병원에 오랜 기간 머물렀다. 아빠는 매일 저녁 늦게 들어오셨기 때문에 모든 집안일을 내가 다 하게 되었다. 집안일은 딱히 어렵지 않았지만 딱 하나 요리가 정말 어려웠다. 밥을 짓는 법도 몰랐기 때문에 매일 끼니를 거의 라면으로 해결했다. 어느 날 학교 숙제로 집에서 음식을 만들고 영상으로 찍는 과제가 주어졌다. 숙제를 해결하기 위해 엄마와 전화 통화를 하면서 김치찌개를 만들기 시작했다. 고기를 자르려다가 손을 자를 뻔했고 가스 밸브를 열지 않고 가스레인지를 켜려고도 했다. 어찌저찌 음식을 만들었고 아빠가 집에 들어오셨다. 아빠와 함께 저녁을 먹었는데 설탕을 너무 넣었는지 정말 달았다. 하지만 아빠는 정말 맛있다며 밥 한 공기를 다 드셨다. 그때 눈물이 났다. 우리 아빠는 단것을 좋아하시지 않기 때문이다. 그때부터 나는 아버지께 맛난 음식을 만들어 드리고 싶어서 매일 요리를 했다. 요리를 할수록 점점 요리에 빠져들었다. 나는 이 일들을 전부 잊고 살았는데 우연히 본 TV 프로그램이 잊고 있었던 기억을 떠올려 준 것이다. 거실에 앉아서 오랜만에 부모님과 밥을 먹으며 대화도 나누었다. 그 후부터 행운의 여인 포르투나가 축복을 내린 듯 모든 일들이 잘 풀리기 시작했다. 부모님과 화해도 하고 내 꿈도 찾게 되었다.

요리사

　요리사! 내 꿈이자 나의 행복이다. 요리를 하기 원했기 때문에 대학에 가는 인문계 고등학교 대신 특성화 고등학교를 선택했다. 부모님께서는 처음에는 내가 대학을 포기하는 것에 대해 부정적이었지만 얼마 지나지 않아 내 말을 따라 주시고 지원까지 해주시기로 했다. 꿈을 정한 후 내 행동은 달라졌다. 우선 놓았던 공부를 다시 시작하는 것이었다. 학원 대신 집에서 공부하기로 하고 인터넷 강의를 구독하고 책도 샀다. 2학년 때 새로 배우는 역사와 한문만 선행학습을 하고 1학년 때 공부를 너무 안 했기 때문에 1학년부터 공부를 다시 시작했다. 노트 정리는 엉망이었고 문제를 잘 풀지도 못했다. 솔직히 시작한 지 하루밖에 안 지났지만 포기하고 싶었다. 10분만 앉아 있어도 허리가 아프고 눈은 계속 폰을 향했다. 하지만 침대에 휴대폰을 집어 던지고 다시 공부에 집중했다. 집중하기 위해 내가 가장 좋아하는 과목을 시작했다. 처음에는 방황했지만 시간이 갈수록 점점 집중할 수 있었다. 유튜브에서 공부하는 방송을 보며 여러 번 따라 하기도 했다. 평생 싫을 줄 알았던 공부가 점점 재미있어지고 즐거워지기 시작했다. 겨울 방학 때에는 하루 2시간 넘게 혼자 공부할 수 있게 되었다. 예습하고 복습하는 것이 즐겁고 재미있었다.

　두 번째는 교내에서 얻을 수 있는 상은 모두 받는 것으로 목표를 정했다. 노력은 배신하지 않는다는 말처럼 나는 결국 해냈다. 최우수는 못 탔지만 각종 교내 대회에서 2등, 우수상 등 상장을 모았다. 그리고 2학년 중간고사 때 나는 정말 변해 있었다. 18점, 12점이 적힌 시험지 대신에 97점, 87점이 적힌 시험지를 받은 것이다! 나는 정말 모든 것을 다 가진 기분이었다. 이제는 내 꿈을 이룬다는 것이 막연하지도 않고 불가능처럼 느껴지지도 않는다. 한 걸음 한 걸음 꾸준히 나아가면 내가 좋아하는 요리를 하며 많은 사람에게 행복을 선물하는 사람이 되어 있을 것이라고 생각한다. 평범하지만 특별한 나의 이야기를 들어주신 독자분들께 나의 이야기가 선물처럼 다가갔으면 좋겠다. 언젠간 베트남과 한국의 요리를 접목한 퓨전 요리를 소개하는 요리책을 쓰는 멋진 요리사가 되어야지!

책쓰기 활동 소감

책쓰기 활동을 하면서 쉬운 줄 알았던 글쓰기가 마음처럼 쉽지 않았다. 책을 쓰면서 나의 부족한 점이 계속 보였다. 포기할 수도 있겠지만 포기하지 않고 글을 끝까지 써 내려갔다. 글을 쓰면서 남에게 보여줘야 한다고 생각하니 한 문장을 쓰는 데도 많은 정성과 시간이 들어갔다. 그럼에도 글을 완성시켜서 읽어보면 정말 버리고 싶은 마음이 들었다. 그래서 처음 완성한 글을 버리고 다시 썼다. 그럼에도 글을 다시 완성했을 때는 좋은 결과를 완성하지 못했다. 글을 쓰는 작가가 정말 대단하다고 느꼈다.

글쓰기가 끝난 후 글은 살면서 자신의 생각을 나타내는 유일한 수단이라고 생각하게 되었다. 글쓰기를 통해 글의 중요성을 깨닫고 처음으로 글쓰는 방법에 대해 공부를 했다. 글쓰기 활동으로 나의 부족한 점을 깨닫고 나를 더 발전시키기 위해 노력을 하게 되었다. 그리고 글쓰기라는 도전을 통해 도전에 대한 두려움을 극복할 수 있었고 기록의 중요성도 알 수 있었다.

이번 경험을 통해 앞으로 나의 생각을 표현하는 글을 자주 쓰고 글을 통해 나는 한층 더 발전할 것이다.

남산돈까스 그리고 추억

2학년 1반 정유선

독서 동아리에서 서울에 인문학 기행을 가게 되었다. 서울에 대해 아는 것이 거의 없어 매우 기대하는 마음으로 여행에 임했다. 우리는 대형 버스를 타고 하루 동안 서울을 구경했다.

첫 번째 목적지는 남산타워이다. 이곳에 도착해서 처음 알게 된 것이 남산타워에 돈가스가 매우 유명하다는 것이다. 우리는 케이블카를 타고 남산타워에 올라갔다. 그곳에는 정말 많은 사람들이 있었다. 점심으로 그 유명한 남산 돈가스를 먹었는데, 그닥 특별함이 없는 평범한 돈가스였다. 점심을 다 먹은 후, 남산타워 윗층으로 올라갔다. 그곳에서 서울을 한눈에 볼 수 있었다. 날씨가 너무 좋아서 청와대와 국회의사당, 63빌딩 등이 한눈에 보였다. 서울은 신기한 모양의 건물과 곡선 형태의 건물이 많아 정말 신기했다. 그때 본 경관이 지금도 눈앞에 어른거린다. 유일한 씨가 미국에서 한국에 막 도착했을 때는 이런 풍경이 아니었겠지? 유일한 씨와 같은 훌륭한 기업인들이 열심히 땀 흘려 일해 주신 덕분에 지금의 풍요를 누린다는 생각이 들어 참 감사했다. 남산타워 전망대에서 내려가서 구경을 좀 더 했는데, 난간에 엄청나게 많은 자물쇠들이 걸려 있었다. 자물쇠에 적힌 글귀들을 읽어보니 연인들 사이에 영원한 사랑을 다짐하고 영원히 사랑을 유지하자는 소망이 담겨 있었다. 솔직히 자물쇠들이 변색되고 녹이 슬어서 보기 좋지는 않았다.

우리는 남산타워에서 내려와서 두 번째 목적지인 역사박물관으로 갔다. 가는 길에 사람들이 시위하는 모습도 보고 다양한 국기가 휘날리는 건물도 보았다. 역사박물관에서는 4층과 5층을 구경했다. 4층은 한국의 근대 모습을 전시해 놓았는데, 80년대 컬러 TV와 전화기, 선거 포스터 등 많은 것이 전시되어 있었다. TV에서 봐서 다 아는 것이라고 생각했는데, 직접 만지고 가까이에서 보니 너무 신기하고 새로웠다. 특히 타자 자판기를 쳐본 것이 가장 재미있었다.

우리나라 최초의 자동차인 '시발 자동차'는 지프차를 닮았고 생각보다 크기가 컸다. 이름 때문에 자꾸 헛웃음이 나왔고, 이 차가 도로 곳곳을 달렸을 생각을 하니 너무 웃겼다. 책을 읽으며 유일한 씨가 기업활동을 했던 일제 시대의 모습을 머릿속으로 그려 보았는데, 박물관에 그 시절의 사진과 자료가 많이 전시되어 있어서 눈으로 직접 확인하는 즐거움이 컸다. 스크린을 터치해 보고, 과거의 교복을 입어보면서 재미있는 시간을 보냈다.

마지막 목적지인 경복궁까지 한복을 입고 걸어갔다. 경복궁에는 여러 나라 사람들이 한복을 입고 있었다. 외국인이 한복을 입은 것을 보니 기분이 정말 좋았다. 경복궁은 생각보다 엄청 넓었고 햇빛이 잘 들어와서 약간 더웠다. 경복궁 옆에 있는 박물관에도 가고 친구들과 많은 사진을 찍었다.

우리는 서울에서 유익하고 새로운 것들을 보고 듣고 느끼고 만져 보았다. 아쉬운 것이 있다면 당일 여행이어서 밤늦게 집에 돌아와야 한다는 것이었다. 서울에 머무는 시간이 짧아서 역사박물관 5층을 꼼꼼히 다 보지 못해서 매우 아쉬웠다. 그래도 TV에서 보던 것을 실제로 볼 수 있어서 너무 좋았고, 한복을 입고 경복궁을 거닐어 본 경험은 잊을 수 없을 것 같다. 선생님께서 책을 읽고 책에 나오는 곳을 실제로 가보겠다고 하셨는데, 약속을 지켜주셔서 감사하다. 이렇게 많은 학생들을 데리고 서울에 갈 수 있을 거라고는 생각을 못했는데… 책을 읽으면서 유일한 씨가 살았던 시대를 머릿속으로 많이 그려보았다. 유한공고도 가보고 싶고, 유한양행에도 가보고 싶었는데, 나중에 서울에 다시 가게 되면 혼자라도 방문해 보고 싶다.

나라를 위해 기업을 세우고 국민들을 위해 일을 하고 기업의 소유를 국민들에게 나누어주는 유일한 씨 같은 기업인이 더 많이 나오면 좋겠다. 나는 늘 나 자신만을 위해 돈 벌 생각을 했는데… 학생들을 위해 수고하시는 선생님을 보면서도 느낀 점이 많다. 나도 다른 사람에게 희망을 주기 위해 일을 하는 사람이 되고 싶다.

блюдо которое популярно в средней Азии
중앙아시아에서 인기 있는 요리

2학년 3반 Kim Sergrgey Vladimirovich
2학년 3반 김 세르게이

здравствуйте? меня зовут Сергей. Я приехал из Узбекистана, город Ташкент. Я щас раскажу почему написал эту книгу и почему её так назвал. Я написал эту книгу что бы поделится блюдами Кореи и Узбекистана.

안녕하세요? 제 이름은 세르게이입니다. 저는 우즈베키스탄 타슈켄트에서 왔습니다. 저는 이 책을 쓴 이유는 고려인과 우즈베키스탄의 요리를 나누고 싶어서입니다.

Кухня средней Азии

Плов это блюдо которое популярно в средней Азии и и может быть национальным блюдом например: Узбеков ,Таджиков,туркмен и Азербайджанцев.

Это блюдо легко готовится оно состоит из риса, мяса и овощей

РЕЦЕПТ(плова)

1. Рис промыть так, чтобы последняя вода оставалась прозрачной. Головки чеснока очистить от шелухи, но не разделять на зубчики. 3 луковицы и морковь очистить, лук порезать полукольцами, а морковь — тонкой соломкой.

2. Казан разогреть и раскалить в нем масло. В этом масле обжарить неочищенную луковицу до тех пор, пока она не почернеет. Удалить ее. Остальной лук нарезать и, помешивая, обжарить его до темно-золотого цвета, это займет чуть меньше 10 минут. Добавить баранину, нарез

анную кубиками, и жарить до появления корочки.

3. Добавить морковь, жарить, не мешая, 3 минуты, затем все хорошо перемешать и готовить еще 10 минут, постоянно помешивая. Влить кипяток так, чтобы он был выше всего содержимого казана на 1 см. Добавить острый сушеный перец, еще раз уменьшить огонь и тушить в течение часа.

4. Смешать зиру и кориандр, растереть руками или в ступке, но лучше — руками. Добавить барбарис и отправить все вместе к мясу. Добавить соль. Уменьшить огонь и готовить до мягкости моркови примерно 10-15 минут.

5. Еще раз промыть рис, дать стечь воде. Выложить на мясо, разровнять. Увеличить огонь до максимального и влить в казан кипяток так, чтобы он покрыл рис слоем в 3 сантиметра.

6. Как только рис впитает воду, вдавить в содержимое казана головки чеснока, убавить огонь до среднего и

тушить до готовности риса. С помощью шумовки проверить готовность: если при легком ударе по поверхности риса звук будет глухим, в плове необходимо будет сделать несколько сквозных проколов с помощью тонкой деревянной шпажки. Затем накрыть крышкой, убавить огонь до самого минимума и оставить на 30 минут.

Шурпа

Так же есть суп называется (Шурпа).это блюдо готовится из баранины или говядины без разницы кому как нравится например, я готовлю из баранины он так получается более жирный. Туда нужно положить картошку, лук, морковь и специи.

Можно ещё взять на рынке или в магазине преправу для шурупы. В Корее это может быть проблематично, надо ехать в русскоязычные районы и покупать там. Желаю вам приготовить это блюдо очень вкусно и насладится им!

Кухня корёинов (Этнических корейцев)

А сейчас я расскажу блюда которые готовят корёины. Кто такие корёины? Это люди которые жили в Корее, но были вынуждены покинуть Корею в страны СНГ из-за войны с Японией.

пегодя (만두)

И так начнём с горячих блюд называются это блюдо пегодя

Это похоже на Манту, только ещё больше и готовятся они из теста, мяса и лука. Готовятся сначала тесто потом его оставляют в теплом месте, что бы оно поднялось, потом измельчают мясо на фарш и перемешивают с луком, потом формируют в форму и парят на мантышнице

куксу

А также есть блюдо которое похоже на 국수 но у нас называют это 국시 как котовят кукси: отваривают лапшу, потом жарят мясо на сковородке, потом мы режим капусту и огурцы, и делаем горький соус, а также кукси вкусно кушать вместе с пегодя.

 Я упомянул лишь некоторые блюда, но есть много других узбекских и корейских блюд.

 필라프(Плов)는 중앙아시아에서 인기 있는 요리로, 우즈베크, 타지크, 투르크멘, 아제르바이잔인들에게는 국가 요리로 여겨질 수 있습니다. 이 요리는 쉽게 준비되며, 쌀, 고기, 채소로 구성됩니다.

필라프 레시피

 1. 쌀을 씻어서 마지막 헹굼 물이 맑을 때까지 깨끗이 씻어줍니다. 마늘은 껍질을 벗기지만, 통째로 사용하며 쪼개지 않습니다. 양파 3개와 당근을 껍질을 벗기고, 양파는 반으로 썰고, 당근은 얇게 채를 썹니다.

 2. 냄비를 가열한 후 기름을 뜨겁게 달굽니다. 껍질을 벗기지 않은 양파를 검게 될 때까지 기름에 튀긴 후, 제거합니다. 나머지 양파를 썰어 약 10분 동안 저으면서 어두운 황금색이 될 때까지 볶습니다. 큐브로 자른 양고기를 넣고 고기 겉면이 바삭해질 때까지 볶습니다.

3. 당근을 넣고, 섞지 않고 3분 동안 볶은 후, 모두 잘 섞어 10분 동안 더 볶습니다. 계속 저어가며 요리합니다. 끓는 물을 부어 냄비 속 재료가 물 위에 약 1cm 정도 잠기게 합니다. 말린 고추를 넣고 불을 낮추어 1시간 동안 끓입니다.

4. 지라와 고수를 섞어 손으로 으깨거나 절구에서 빻습니다. 바베리스를 추가하고, 모두 고기와 함께 넣습니다. 소금을 넣고, 당근이 부드러워질 때까지 약 10~15분 더 끓입니다.

5. 쌀을 다시 씻고 물기를 제거한 후 고기 위에 얹어 평평하게 만듭니다. 불을 최대한 세게 한 후 쌀 위에 3cm 정도의 끓는 물을 붓습니다.

6. 쌀이 물을 흡수하면 마늘을 냄비 속 재료에 눌러 넣고, 불을 중간으로 줄인 후 쌀이 다 익을 때까지 끓입니다. 스푼으로 쌀의 상태를 확인하고, 쌀의 표면을 두드렸을 때 둔탁한 소리가 나면, 얇은 나무 꼬챙이를 이용해 쌀에 여러 구멍을 냅니다. 그런 다음 뚜껑을 덮고 불을 최대한 낮추고 30분 동안 더 둡니다.

'쉬르파(Шурпа)' 수프

이 요리는 양고기나 쇠고기로 준비하며, 어떤 고기를 사용할지는 개인

취향에 따라 다릅니다. 예를 들어, 저는 양고기로 요리하는데, 이렇게 하면 더 기름지게 나옵니다. 감자, 양파, 당근, 향신료를 넣을 수 있습니다. 한국에서 쉬르파의 향신료는 러시아어를 사용하는 지역에 가서 구입해야 할 수도 있으니 참고하세요. 이 요리는 정말 맛있으니 꼭 한번 만들어 보세요.

고려인 요리

이제 고려인들이 요리하는 음식을 소개할게요.

고려인은 원래 한국에 살았지만, 일본과의 전쟁으로 인해 대부분이 구소련(SNG)으로 이주한 사람들입니다.

페고자

우선, '페고자'라는 뜨거운 요리가 있습니다.

이 요리는 만두와 비슷하지만 더 큽니다. 반죽으로 만들어지며, 고기와 양파가 속 재료로 들어갑니다. 먼저 반죽을 만들어 따뜻한 곳에 두어 발효시킨 후, 고기를 다져서 양파와 섞습니다. 그런 다음 반죽에 속을 넣어 형태를 만들고 찜기에 쪄서 요리합니다.

쿡시

또 다른 요리는 '국시(Кукси)'와 비슷한 '쿡시'라고 부릅니다. 면을 끓이고, 고기를 프라이팬에 볶은 후, 양배추와 오이를 썰어 매운 소스를 만들고 페고자와 함께 먹으면 맛있습니다.

제가 언급한 것은 일부 요리일 뿐이며, 우즈베크와 고려 음식에는 이 외에도 다양한 요리가 있습니다.

책쓰기 활동 소감

я написал токо часть блюд но эти блюда очень вкусные и они мне очень нравятся. я назвал эту книгу (блюдо которые популярные в средней Азии) потомучто большинство блюд были выбраны от туда и есть блюда которые были выбраны от кореинов. и я советую вам прочитать там есть много блюд которые вы наверно не слышал и советую прочитать

제가 쓴 것은 요리의 일부지만, 그 요리들은 정말 맛있고 제가 아주 좋아하는 것들입니다. 저는 이 책을 '중앙아시아에서 인기 있는 요리'라는 제목으로 지었습니다. 왜냐하면 대부분의 요리는 그곳에서 선택되었고, 몇 가지는 한국에서 선택된 요리이기 때문입니다. 여러분이 들어보지 못한 많은 요리들이 그 안에 있으니 꼭 읽어보시길 추천드립니다.

4차 한국문화체험학습, 남해 여행을 다녀와서

3학년 3반 Egai Mikhail

3학년 3반 미하일

Здравствуйте! Меня зовут Михаил, я из России. Три года назад я приехал в Корею. Я поступил в среднюю школу Синдан, но перевёлся в среднюю школу Варён.

Моё хобби — волейбол и компьютерные игры.

안녕하십니까! 저는 러시아에서 온 미하일이라고 합니다. 저는 3년 전에 한국에 왔습니다. 저는 신당중학교에 입학했는데 와룡중학교로 전학을 왔습니다.

저의 취미는 배구와 컴퓨터 게임입니다.

〈미하일이 한국어 학급 수업 시간에 한국어로 쓴 글입니다.〉

안녕하십니까!
저는 한국어 학급 고급반에 다니는 미하일입니다.

우리는 10월 8일 화요일에 한국문화를 배우는 체험을 하러 남해에 다녀왔습니다. 이 체험에서 일단 사천 바다 케이블카를 타고 엄청 아름다운 바다 경치를 구경하러 갔습니다. 그런데 바다만 보는 것이 아니었어요. 우리는 산 전망대까지 올라가서 등산을 했습니다. 그리고 그다음에 우리는 버스를 타고 삼천포 대교를 건넜는데 되게 아름다웠습니다!

삼천포 대교를 건너고 나서 점심을 먹으러 가서 엄청 맛있는 돈가스를 먹었습니다. 그런데 돈가스를 기다리는 동안 먼저 와사비가 나와서 와사비를 다른 음식 없이 먹어봤습니다… 엄청 매웠습니다… 그리고 돈가스를 먹고 저는 러시아 친구들이랑 산책하러 가서 바다까지 갔습니

다. 바다에 갔을 때 우리는 바다에 넘어지는 것같은 영상을 찍었습니다. 영상을 찍은 후에 선생님하고 다른 친구들한테 보여줘서 애들이 엄청나게 놀랐습니다.

그다음에 우리는 독일 마을에 갔는데 생각보다 너무너무 아름다웠습니다! 마을에 산책했다가 카페에 와서 친절하게 계산하는 할머니와 만났습니다. 할머니와 대화했어요. 독일에 20년 살았답니다! 그리고 우리 할머니와 이야기해서 할인도 받았어요.

또 우리는 마을에 간 후에 상주 은모래비치에 가서 수용도 하고 배구를 했습니다. 그런데 배구하고 나서 저와 친구는 게를 잡으러 갔습니다. 열 마리 이상 정도 잡았습니다. 그 후에 우리는 휴게소에 저녁을 먹었는데 저는 또 돈가스를 시켰습니다! 남해 이야기는 이제 끝입니다.

〈여기부터는 미하일이 러시아어로 쓰고 한국어로 번역한 것입니다.〉

Через 10 лет я хочу стать учителем корейского языка. Если через 10 лет я действительно стану учителе м корейского, то буду сосредоточен не только на преподавании языка, но и на том, чтобы помогать студентам глубже понимать корейскую культуру. Я понимаю, что язык невозможно изучить полностью без знания традиций и истории. Поэтому я постараюсь интегрировать культурные элементы в каждое занятие.

Как мой нынешний учитель, я тоже буду организовывать учебные поездки, чтобы погружать студентов в языковую среду и дать им возможность напрямую соприкоснуться с Кореей. В таких поездках мы будем посещать основные достопримечательности Кореи, изучать её историю, традиции и современную культуру, а также общаться с местными жителями. Благодаря этому студенты не только изучат язык, но и глубже поймут корейский образ мышления и культурные особенности, что сделает процесс обучения более увлекательным и практичным.

Спасибо за то, что уделили внимание моему рассказу!

저는 10년 후에 한국어 선생님이 되고 싶습니다. 10년 후, 내가 한국어 선생님이 된다면 나는 언어 교육뿐만 아니라 학생들이 한국문화를 깊이 이해하도록 돕는데 집중할 것입니다. 언어는 전통과 역사를 모르면 온전히 배울 수 없다는 것을 압니다. 수업마다 문화적 요소를 통합하려고 노력할 것입니다. 현재 저의 선생님처럼 저도 학생들이 언어적 환경에 몰입하고 동시에 한국을 직접 체험할 수 있도록 학습 여행을 조직할 것입니다. 이러한 여행에서 우리는 한국의 주요 명소들을 방문하고, 한국의 역사와 전통과 현대 문화를 배우며 현지인들과 교류할 것입니다. 이를 통해 학생들은 단순히 언어만 배우는 것이 아니라 한국의 사고방식과 문화적 특징을 깊이 이해하게 되어, 더욱 흥미롭고 실질적인 학습 경험을 얻게 될 것입니다.

제 글에 관심을 가져 주서서 감사합니다!

책쓰기 활동 소감

Ещё раз здравствуйте!

Вроде недавно мы только познакомились с корейским классом, а уже конец года… Хоть этот год и и пролетел очень быстро, это был самый насыщенный год в Корее в моей жизни, так как мы очень много ездили с корейским классом дабы изучать корейскую культуру. И прошёл всего лишь, но такое чувство будто бы, мы все в корейском классе дружим уже очень долго.

Вроде бы недавно, мы только приехали с 남해체험활동, но я уже чувствую ностальгию от этого и иногда проси живаю свои дни думаю о тех хороших воспоминаниях.

Живя в Корее изучая историю Кореи и её традиции, не будь корейского класса, я не смог бы узнать столько много в одиночку. Я очень благодарен своим учителям за то, что были в моём пути изучения корейского и корейской культуры.

안녕하세요!

얼마 전만 해도 한국어반에서 선생님과 친구들에게 처음 인사했던 것 같은데, 어느덧 한 해의 끝이 다가왔습니다. 이번 한 해는 정말 빠르게 지나갔지만, 저에게 있어 한국에서 가장 뜻깊고 의미 있는 시간이었습니다. 한국어반 선생님들과 친구들과 함께 한국문화를 배우기 위해 여러 곳을 방문하고 다양한 경험을 할 수 있었기 때문입니다. 비록 시간이 짧았지만, 우리 모두가 오래전부터 알고 지낸 것처럼 느껴질 만큼 깊은 우정을 쌓을 수 있었습니다.

남해 체험활동을 다녀온 지도 얼마 되지 않았는데, 벌써부터 그 시간이 그리워집니다. 그때의 소중한 추억들을 떠올리며 하루하루를 되새기고 있습니다.

한국에서 생활하며 한국의 역사와 전통을 배우는 동안, 한국어반이 없었다면 제가 혼자서 이처럼 많은 것을 배울 수 없었을 것입니다. 저의 한국어와 한국문화에 대한 배움의 길을 열어 주시고 함께해 주신 선생님들께 진심으로 감사드리며, 깊은 존경의 마음을 전합니다. 선생님들의 가르침은 제 인생에서 오래도록 소중히 간직될 것입니다.

Dream rest
휴식 같은 꿈

3학년 3반 Egai Mikhail

3학년 3반 미하일

Imagine a dream trip to Borah Borah, where turquoise waters and flawless beaches are alive before your eyes. Your adventure begins with staying in a luxurious bungalow above the water, where each window opens up a view of the crystal clear lagoon below you. The gentle rustling of waves on the pole becomes a calming accompaniment to your days in paradise.

Wake up every morning to the view of Mount Otheman, an ancient volcanic peak seen by greenery, and enjoy a relaxing break on the private terrace during breakfast. The day open up endless possibilities: snorkelling in warm waters full of bright sea life, Kenya King next ti graceful skates of simply relaxing in the snow-white sands under the sun.

For adventures souls, the island trails lead ti hidden waterfalls and panoramic views of natural in its rarest form. Cultural meetings offer a rich heritage of Polynesian peoples, from traditional dances to crafts created with exceptional skill and passion.

The evenings are full of flavors: fresh seafood caught nearby, and tropical fruits that give off sweetness. As the sunsets, the say turns into a picture of stars, giving you on exciting spectacle when you relax with a cocktail in your hand.

Boru Boru promises an unmatched experience that will remain in your memory long after you return home. It is a place where time seems to stop, and every moment is a testimony to the beauty of our natural world and the joy of opening up new horizons.

보라보라에서의 꿈같은 여행을 상상해 보세요. 눈앞에 펼쳐지는 터키색 물과 완벽한 해변이 생동감 있게 살아납니다. 모험은 물 위에 지어진 호화로운 방갈로에서 시작됩니다. 창문을 열면 수정처럼 맑은 석호가 바로 아래에 보입니다. 기둥을 스치는 파도의 잔잔한 소리는 이 천국에서의 하루를 더욱 평온하게 만들어 줍니다.

매일 아침, 울창한 초목에 둘러싸인, 오래된 화산인 오테만 산을 바라보며 일어나고, 아침 식사 중에는 개인 테라스에서 여유롭게 휴식을 취할 수 있습니다. 하루는 끝없이 펼쳐진 가능성으로 가득합니다. 밝고 다양한 해양 생물이 가득한 따뜻한 바다에서 스노클링을 즐기거나, 우아하게 헤엄치는 가오리 옆에서 케냐 킹과 함께 시간을 보내거나, 햇볕 아래 새하얀 모래사장에서 단순히 휴식을 취할 수도 있습니다.

모험을 좋아하는 사람들에게는 섬의 길들이 숨겨진 폭포와 자연의 희귀한 모습을 파노라마처럼 감상할 수 있는 장소로 이끌어 줍니다. 문화 체험을 통해 폴리네시아 사람들의 풍부한 유산을 만나볼 수 있습니다. 전통춤부터 뛰어난 기술과 열정으로 만들어진 공예품까지 다양합니다.

저녁은 신선한 해산물과 달콤한 열대 과일들로 가득 찬 풍미로 가득합니다. 해가 지면 밤하늘은 별들로 물들고, 손에 칵테일을 들고 휴식할 때 흥미로운 장관을 감상할 수 있습니다.

보라보라는 집으로 돌아간 후에도 오래도록 기억에 남을 독보적인 경험을 약속합니다. 시간이 멈춘 듯한 이곳에서의 모든 순간은 자연의 아름다움과 새로운 지평을 여는 기쁨을 증명합니다.

Миний амьдрал

나의 삶

1학년 2반 Egshiglen Ganzorig

1학년 2반 엑시글랭

Сайн байна уу ? Намайг Эгшиглэн гэдэг .би монголоос ирсэн .би айлын дунд охин. Би урлагт дуртай бас амьтанд хайртай бас үргэлж дуулдаг. Би одоо болтол мөрөөдөл өө олоогүй байгаа гэхдээ би мөрөөдөл өө олох байх.

안녕하세요? 제 이름은 엑시글랭입니다. 저는 몽골에서 왔고, 집안의 둘째 딸입니다. 예술을 좋아하고 동물을 사랑하며 항상 노래를 부르곤 합니다. 지금까지 제 꿈을 찾지 못했지만, 언젠가 꼭 찾을 것이라고 믿습니다.

목차

Миний амьдрал

나의 삶

ЭГЧИЙ МИНЬ САЙХАН СЭТГЭЛ

언니의 따뜻한 마음

ААВ ЭЭЖ ХОЁРЫН МИНЬ САЙХАН СЭТГЭЛ

부모님의 따뜻한 마음

ХОЙР ДҮҮГИЙ МИНЬ САЙХАН СЭТГЭЛ

두 동생의 따뜻한 마음

Миний амьдрал

Эгч мань 2 настай байхад би төрсөн,эгч мань хэлэхдээ намайг төрснөөс хойш аав ээж хоёрт зарагдаж эхэлсэн гэдэг.Гэхдээ эгч мань аав ээж дандаа тусалдаг байсан ч надад үргэлж цаг гарагдаг байсан,надтай үргэлж хамт тоголдог байсан.Би ч бас эгчтэйгээ хамт тоглох дуртай байсан

эцэг эх мань үргэлж ажил хийдэг байсан болохоор эгч бид хоёрт цаг гаргаж амьждаггүй байсан. Удалгүй намайг 3 хүрсэн жилд дүү мань төрсөн. ДҮҮг төрснөөс хойш амьдрал минь өөрчлөгдсөн. Эгчтэйгээ хамт аав ээж хоёртоо тусалж эхэлсэн .ДҮҮ мань эрэгтэй болохоор ч тэруу? эсвэл айлын ганц хүү болохоор ч юм уу? аав ээж хоёр мань манай дүүг их санаа тайвдаг байсан, Дууг мань 2 нас хүрсэн жилд бага дүү мань төрсөн. Бага дүүг төрснөөс хойш эгч бид хойрын амьдрал нэг дахин хэцүү болсон. ДҮҮг мань эрхлүүлдэг байсан аав ээж хоёр мань бага дүүд санаа тавьж эхэлснээс хойш дүү мань бага дүүд их а таарахдаг байсан. ДҮҮ минь бага дүүд атаархдаг байсан ч хоёр дүү мань үргэлж хамт тоголдог.Аав ээж хоёр мань хойр дууд санаа их таьвдаг ч эгч бид хойр үргэлж хүссэн зүйлыг авч егдег байсан. Эгч мань бага байхаасаа эхэлж аав ээж хоёрт тусалдаг байсан болохоор ажилсаг, ухаалаг ,хегжилтэй хҮн. Харин би бол залхуу хҮн

ЭГЧИЙ МИНЬ САЙХАН СЭТГЭЛ

Эгч мань надад атаархдаг байсан ч хэзээ ч надад муухай ааш гаргадаггуй байсан, Аав ээж хоёр эгч бид хоёрыг загнах Үйд эгч минь Ургэлх миний хажуудб айж, миний нулмиасыг минь арчиж намайг тэвэрдэг байсан.Эгч мань намайг битгий худлаа ярь гэдэг гэхдээ эгч мань өөрөө худлаа ярьдаг."Эгч нь уйлаагуй байна, эгч нь өлсөөгҮй байна" гэж хэлдэг байсан.Би эгчдээ хайртай гэдгээ хэлдэггҮй ч би эгчдээ хайртай .

ААВ ЭЭЖ ХОЁРЫН МИНЬ САЙХАН СЭТГЭЛ

Аав ээж хоёр мань ажил их хийдэг байсан болохоор эгч бид хоёрт санаа тавьж чаддаггуй байсан. Эгч бид хоёрыг буруу зуйл хийснийг мэдсэнч мэдээгуй юм шиг өнгөрдөг байсан .Аав ээж хоёр мань надад битгий худлаа ярь гэдэг ч аав ээж хоёр мань өөрсдөө худлаа ярьдаг байсан .Аав ээж хоёр нь зҮгээр ээ, аав ээж хоёр нь өлсөөгуй байна аа, аав ээж хоёр нь өвдөгҮй байна аа, гэж худлаа хэлдэг байсан Би аав Ээж хоёрдоо хайртай гэдэгээ хэлдэггҮй байсан ч би аав ээж хоёрдоо хайртай

ХОЙР ДҮҮГИЙ МИНЬ САЙХАН СЭТГЭЛ

Аав ээж хоёрыг ажилд гарсан цагаас хойш хоёр дҮҮтэйгээ өдөржин тоголдог байсан, Хоёр дҮҮ мань эгч бид хоёрыг яаж инээлгэхээ мэддэг байсан болохоор хоёр дҮҮтэйгээ хамт байхдаа Үргэл инээдэг байсан, Авсан чихэрээ Үргэлж хуваадаг, эгдуутэй, хөгжилтэй ДҮҮнар. ХҮн болгон гэр бҮлтэй гэр бҮлдээ хайргуй хҮн гэх байдаггуй бусдыгаа хҮндэлж, хайрлаж, туслах нь гэр бҮлийн Үрэг юм.

나의 삶

언니가 두 살이었을 때 내가 태어났는데, 언니는 내가 태어난 이후로 부모님이 더 바빠졌다고 했다. 그렇지만 언니는 항상 부모님을 도우면서도 나와 함께 놀아줄 시간을 꼭 내주었다. 나도 언니와 함께 노는 것을 좋아했다. 부모님은 늘 일을 하셔서 우리와 함께 시간을 보내기가 어려웠다. 내가 세 살이 되었을 때 남동생이 태어났다. 남동생이 태어난 후 내 삶은 달라졌다. 언니와 나는 부모님을 돕기 시작했다. 남동생이 남자아이여서 그런지, 아니면 막내라서 그런지 부모님은 남동생을 많이 신경 쓰셨다. 남동생이 두 살이 되었을 때 막내가 태어났다. 막내가 태어난 이후로 언니와 나의 삶은 더 어려워졌다. 부모님이 막내를 더 많이 돌보셨기 때문에 남동생은 질투를 많이 했다. 그럼에도 불구하고 남동생은 막내와 함께 잘 놀았다. 부모님은 두 동생들을 신경 쓰셨지만, 언니와 나는 항상 우리가 원하는 것을 받을 수 있었다. 언니는 어렸을 때부터 부모님을 도와왔기 때문에 성실하고 똑똑하고 유쾌한 사람이 되었다. 반면 나는 게으른 사람이다.

언니의 따뜻한 마음

언니는 나를 질투했지만, 나에게 한 번도 나쁜 태도를 보인 적이 없었다. 부모님이 우리를 혼낼 때도 언니는 항상 내 옆에 있어 주며, 내 눈물을 닦아주고 나를 안아주었다. 언니는 나에게 거짓말을 하지 말라고 하면서도 자신은 "언니는 울지 않았어, 배고프지 않아"라고 거짓말을 했다. 나는 언니에게 사랑한다고 말하지 않았지만, 사실 언니를 사랑한다.

부모님의 따뜻한 마음

부모님은 일을 많이 하셔서 우리에게 신경을 많이 쓰지 못하셨다. 우리가 잘못한 것을 아서도 모르는 척 넘어가곤 하셨다. 부모님은 나에게 거짓말하지 말라고 하셨지만, 정작 부모님 자신은 "괜찮아, 배고프지 않아, 아프지 않아"라고 거짓말을 하셨다. 나는 부모님께 사랑한다고 말하지 않았지만, 사실 부모님을 사랑한다.

두 동생의 따뜻한 마음

부모님이 일을 나가신 후 우리는 두 동생들과 하루 종일 놀곤 했다. 동생들은 항상 나와 언니를 웃게 만들 줄 알았다. 그래서 두 동생들과 함께 있으면 항상 웃게 되었다. 동생들은 받은 사탕을 항상 나누어 주는 착하고 유쾌한 아이들이다. 모든 사람은 가족이 있으며, 가족을 사랑하지 않는 사람은 없다. 서로를 존중하고 사랑하며 돕는 것이 가족의 의무이다.

책쓰기 활동 소감

Би энэ номийг бичиж байх даа миний амьдралд болсон бүх дурсамж аа эргүүлэн бодож, бүх гоё дурсамж аа дахин бодож бичсэн болохоор үнэхээр гоё байсан. Энэ дэлхий дээр над шиг амьдардаг хүүхдүүд олон бий. Би энэ номоороо хэлхийг хүссэн зүйл бол: Чамайг төрүүлж өгсөн ээжийгээ хайрл. Чамайг хамгаалдаг аавыгаа хайрл. Чамд тусалдаг ах ,эгчийгээ хайрл. Чамайг инээлэгдэг дүү нар аа хайрл. Гэр бүл гэдэг бол чиний амьдралд ганц торхиолдох зүйл. Дэлхий дээр ганц л амьдрах болохоор гэр бүлдээ хайртай гэдгээ хэлж байгаарай.

내가 이 책을 쓰는 동안 내 삶에서 일어났던 모든 추억을 되새기고, 모든 아름다운 기억들을 다시 떠올리며 글로 적었기에 정말 즐거웠습니다. 이 세상에는 나처럼 살아가는 아이들이 많습니다. 내가 이 책을 통해 전하고 싶었던 메시지는 다음과 같습니다.

너를 낳아준 엄마를 사랑하라.
너를 지켜주는 아빠를 사랑하라.
너를 돕는 형제와 자매를 사랑하라.

너를 웃게 만드는 동생들을 사랑하라.

가족이라는 것은 너의 삶에서 단 한 번 주어지는 소중한 존재입니다.
이 세상에서 단 한 번 사는 것이니, 가족에게 사랑한다고 말하세요.

The person I admire the most
내가 가장 존경하는 사람

1학년 2반 Egshiglen Ganzorig

1학년 2반 엑시글랭

The person I admire the most person is Ariana Grande.

Ariana Grande is so powerful women and her voice is like mermaid. I like Ariana Grande's songs, my favorite song is (God is woman). If i listen to the song I tell myself 'I always support myself', 'God is with me', 'none can stole my life'.

Every day I listen to Ariana Grande's song. And I heard that she has her own perfume. Ari, sweet like candy, moonlight, 'thank u, next', cloud intense, cloud, r.e.m., cloud pink, God is a women, positions, fran kie There is so many perfume on google. And I want moonlight perfume.

I love her hair, voice, eyes, everything. First time I saw her on the TV and she start to singing first time I heard her voice it is like angle or mermaid singing voice. I trying to sing the song but I failed.

If I turning 21 I'll go to USA and I'll be singer or character. I wanna see her in real life, I wanna hug her, I wanna see her smile. I am not good at math but i can tell how much (%) I love her, I am not good biolog but i can tell how I fell when I saw her smile. Every single time I sing her song, every single time! Maybe I cannot see her in real life. But it is okay!

Becuese I never forget it about her, never ever. Ariana Grande is my admire the most.

내가 가장 존경하는 사람은 아리아나 그란데입니다.

아리아나 그란데는 매우 강력한 여성이고, 그녀의 목소리는 인어 같아요. 저는 아리아나 그란데의 노래를 좋아하는데, 그중에서 가장 좋아하는 노래는 "God is a Woman"입니다. 이 노래를 들으면 스스로에게 '나는 항상 나 자신을 응원해', '신은 나와 함께 있어', '아무도 내 삶을 훔칠 수 없어' 라고 말하곤 합니다. 매일 아리아나 그란데의 노래를 듣습니다.

또 그녀에게는 자신만의 향수가 있다는 얘기를 들었습니다. Ari, Sweet Like Candy, Moonlight, Thank U, Next, Cloud Intense, Cloud, R.E.M., Cloud Pink, God is a Woman, Positions, Frankie 등 많은 향수가 구글에 검색되더군요. 그중에서 저는 Moonlight 향수를 갖고 싶습니다.

저는 그녀의 머리, 목소리, 눈, 모든 것이 다 좋습니다. 처음 TV에서 그녀를 봤을 때 그녀가 노래를 부르기 시작했는데, 처음으로 그녀의 목소리를 들었을 때 마치 천사나 인어가 노래하는 것 같았어요. 저도 그 노래를 부르려고 했지만 실패했죠.

제가 21살이 되면 미국에 가서 가수나 캐릭터가 되고 싶어요. 저는 그녀를 실제로 보고 싶고, 안아보고 싶고, 그녀의 미소를 보고 싶습니다. 수학은 잘 못하지만 내가 그녀를 얼마나 사랑하는지(%) 말할 수 있고, 생물학은 잘 몰라도 그녀의 미소를 봤을 때의 제 감정을 설명할 수 있어요. 매번 그녀의 노래를 부를 때마다, 매번! 아마도 실제로 그녀를 보지 못할 수도 있지만 괜찮아요! 왜냐하면 절대 그녀를 잊지 않을 거니까요, 절대. 아리아나 그란데는 제가 가장 존경하는 사람입니다.

Аз жаргалтай амьдралын талаар
행복한 삶에 관하여

2학년 7반 Batkhuu Nandinkhusel

2학년 7반 난디아

Аз жаргал тийм ч том, тийм ч хол биш.

행복은 그렇게 크거나 멀리 있지 않습니다.

Хүмүүс өөрсдийгөө олон юм хийж чадахгүй гэж боддог. Харин аргагүй байдалд орохоороо ямар олон юм чаддаг байж вэ гэдгээ олж мэддэг

- Стивен Кинг

"Надад дуртай бүх юм минь байхгүй. Гэхдээ би байгаа бүх юмандаа хайртай"

- Лев Толстой

Сарнай цэцэг яагаад ийм их өргөстэй юм бэ гэж би гомдол тавьдаггүй. Харин энэ их өргөс дунд сарнай ургаж байгаад баярладаг

- Жозеф Жубер

Хүн үргэлж аз жаргалтай байх ёстой. Хэрэв аз жаргал чинь дуусчихвал хаана алдсанаа эргэж хар

- Лев Толстой

"사람들은 자신이 많은 것을 할 수 없다고 생각하지만, 막상 어쩔 수 없는 상황에 처하면 얼마나 많은 것을 할 수 있는지 알게 된다."
- 스티븐 킹

"내가 좋아하는 모든 것을 가진 것은 아니지만, 내가 가진 모든 것을 사랑한다."
- 레프 톨스토이

"나는 장미꽃이 왜 이렇게 가시에 가득 찼는지 불평하지 않는다. 오히려 그 가시 속에서 장미가 피어나는 것에 감사한다."
- 조셉 주베르

"사람은 항상 행복해야 한다. 만약 행복이 끝났다면, 어디서 잃었는지 돌아보라."
- 레프 톨스토이

Бид хэн нэгэн хүнтэй харьцахдаа нэг бол тусална, эсвэл гай болно. Гурав дахь зам гэж үгүй. Тэр хүнийг нэг бол доош чангааж, үгүй бол дээш нь өргөнө гэсэн үг

- Жорж Вашингтон

Хэрэв аз жаргалтай байхыг та маш их хүсэж байвал олж л таарна. Нүдний шилээ зүүчхээд хайгаад байсан эмгэн шиг маш ойрхноос олох болно

-Бернард Шо

Бодол санаа, үг, үйл хөдлөл тань зохицож байвал аз жаргал олддог.

- Махатма Ганди

Аз жаргал бол түүнийгээ хуваалцвал хоёр дахин нэмэгддэг цорын ганц зүйл юм.

- Альберт Швайцер

"우리는 다른 사람과 관계할 때, 그를 돕거나 해를 끼친다. 세 번째 길은 없다. 그 사람을 끌어내리거나 올려주는 것이다."
- 조지 워싱턴

"당신이 정말로 행복해지기를 원한다면 결국 찾게 될 것이다. 안경을 쓰고 잃어버린 물건을 찾아 헤매는 할머니처럼 매우 가까운 곳에서 찾을 것이다."
- 버나드 쇼

"생각, 말, 행동이 일치할 때 행복이 찾아온다."
- 마하트마 간디

"행복은 나누면 두 배로 늘어나는 유일한 것이다."
- 알버트 슈바이처

Энгийн байдлаас аз жаргалыг олох нь үнэлж баршгүй баялаг юм.

Аз жаргал бол байнгын байдал биш, амьдралын утга учрыг өгдөг нандин мөчүүдийн цуваа юм.

– Дайсаку Икэда

Аз жаргал бол эрвээхэйтэй адил: та түүнийг хөөх гэж оролдох тусам тэр зугтдаг. Харин та өөр зүйлд анхаарлаа хандуулбал энэ нь таны мөрөн дээр зөөлөн тогтох болно.

- Хенри Дэвид Торо

Өөрийгөө баярлуулах хамгийн шилдэг арга бол бусдыг баярлуулахыг хичээх.

-Америкийн зохиолч Mark Twain

"행복은 영구적인 상태가 아니라, 삶의 의미를 주는 소중한 순간들의 연속이다."
　- 다이사쿠 이케다

"단순한 것에서 행복을 찾는 것은 더할 나위 없는 재산이다."
　- 라이언 블레어

"행복은 나비와 같다. 쫓으려고 할수록 멀어지지만, 다른 일에 집중하면 부드럽게 당신 어깨에 내려앉는다."
　- 헨리 데이비드 소로

"자신을 기쁘게 하는 최고의 방법은 다른 사람을 기쁘게 하려고 노력하는 것이다."
　- 마크 트웨인

행복한 삶에 관하여   125

Би өнгөрснийг бодож баясах биш одоо байгаа зүйлдээ баярлаж, хөгжиж чаддаг төрлийн хүн байх дуртай.

- Америкийн зохиолч David Foster Wallace

Бид аз жаргалтай байх гэж хичээхээ болих юм бол илүү аз жаргалтай болно.

- Америкийн зохиолч Edith Wharton

Аз жаргалын агшин бүрийг барьж ав. Хайрла, хайрлуул. Хичнээн тэнэг байсан ч энэ бол дэлхий дээрх цорын ганц бодит зүйл. Энэ бол бидний хүсэж буй цорын ганц зүйл

- Оросын зохиолч Лев Толстой

Юу мэдэрч байгаагаа ухаарч, ямар ихээр хайрлаж, хайрлуулж байгаагаа мэдэрч, баяр баясгалантай байж чадсанаар бид амьдралаа аз жаргалтай болгож байгаа хэрэг юм.

- Кариб-Америкийн зохиолч Audre Lorde

"나는 과거를 돌아보며 기뻐하는 것보다는, 현재 가진 것에 감사하고 성장하는 삶을 사는 것을 좋아한다."
　- 데이비드 포스터 월리스

"행복한 순간을 놓치지 마세요. 사랑하고, 사랑받으세요. 아무리 어리석게 보여도 이것이 세상에서 가장 현실적인 것입니다. 이것이 우리가 원하는 유일한 것입니다."
　- 레프 톨스토이

"우리가 행복해지려고 애쓰는 것을 멈추면 더 행복해질 수 있다."
　- 이디스 워튼

"무엇을 느끼고 있는지 깨닫고, 얼마나 사랑하고 사랑받고 있는지를 깨달아 기뻐함으로써 우리는 우리의 삶을 행복하게 만든다."
　- 오드리 로드

Жинхэнэ аз жаргал гэдэг нь ирээдүйд санаа зовж бухимдахгүйгээр, итгэл найдвар, айдсын алинаас нь ч хамаарахгүйгээр одоо байгаа зүйлдээ сэтгэл хангалуун байж, өөр юуг ч хүсэхгүй байх юм.

-Ромын философич Seneca

Аз жаргал болон утга учиргүй зүйл нь зооcны хоёр тал. Эд тусдаа байх боломжгүй.

-Франц-Алжир гаралтай зохиолч Albert Camus

Би нэгэн удаа аз жаргал бол эрүүл мэнд, богинохон дурсамж гэсэн тодорхойлолтыг сонссон юм. Энэ бол туйлын үнэн юм.

- Audrey Hepburn

Аз жаргалтай байхад их зүйл хэрэггүй. Энэ нь чиний бодлоос хамаардаг.

- Ромын эзэнт гүрний удирдагч Marcus Aurelius

"진정한 행복이란 미래에 대해 걱정하지 않고, 믿음과 두려움에도 의존하지 않으며, 현재에 만족하고 더 이상 아무것도 바라지 않는 것이다."

- 세네카

"행복과 무의미는 동전의 양면과 같다. 이들은 따로 떨어질 수 없다."

- 알베르 카뮈

"한 번은 행복이 건강과 짧은 기억이라는 정의를 들은 적이 있다. 이는 정말 진실이다."

- 오드리 헵번

"행복해지는 데는 많은 것이 필요하지 않다. 그것은 당신의 생각에 달려 있다."

- 마르쿠스 아우렐리우스

Аз жаргал бол байгалийн эндэгдэл. Үзэсгэлэнтэй бөгөөд өө сэвгүй гажиг юм.

- Америкийн зохиолч Pat Conroy

Би өдөр бүр зөв байхаасаа илүү аз жаргалтай байхыг эрхэмлэнэ.

-Английн зохиолч Douglas Adams

Инээмсэглэл нь өчүүхнийг гаргах атлаа яг л нарны туяа харанхуйг гийгүүлж, өдөр болдогтой адил их зүйлийг өгдөг зүйл юм.

- Америкийн зохиолч F. Scott Fitzgerald

Аз жаргал бол амьдралын утга учир, зорилго, хүн төрөлхтөн оршин байхуйн үндэс юм.

- Грекийн философич Aristotle

"행복은 자연의 사고이다. 아름답고 결점 없는 이상한 것이다."

　- 팻 콘로이

"나는 매일 옳은 사람이 되기보다는 행복한 사람이 되기를 우선으로 삼는다."

　- 더글러스 애덤스

"미소는 작아 보일지 모르지만, 태양광선처럼 어두움을 비추고 세상을 밝히는 힘을 가지고 있다."

　- F. 스콧 피츠제럴드

"행복은 삶의 의미이자 목적이며, 인류의 존재 이유이다."

　- 아리스토텔레스

책쓰기 활동 소감

Намайг Нандиа гэдэг. Солонгост ирээд нэг жил болж байна. Монголд байхдаа ч гэсэн өөрийгөө аз жаргалтай болгох зүйлсийг хайж, туршиж үзсэн. Хайсаар л байна. Гэхдээ миний бодлоор аз жаргал бол үргэлж байж чадахгүй зүйл юм. Би заримдаа уйлж, заримдаа сэтгэлээр унаж аз жаргалын тэнцвэрийг хадгалж байдаг гэж боддог. Миний хувьд зүгээр л амттай хоол идэж, дуртай дуугаа сонсож, удаан уулзаагүй хүмүүстэйгээ уулзаж, хүмүүсээс магтаал хүлээж, найз нөхөдтэйгөө хамт байхдаа л аз жаргалтай байдаг. Аз жаргал тийм ч том, тийм ч хол биш.

저는 난디아입니다. 한국에 온 지 1년이 되었습니다. 몽골에 있을 때도 자신을 행복하게 만들 수 있는 것을 찾고 시도해 봤습니다. 지금도 계속 찾고 있습니다. 하지만 제 생각에 행복은 항상 지속될 수 없는 것이라고 생각합니다. 가끔은 울기도 하고, 가끔은 기분이 우울해지기도 하면서 행복의 균형을 유지한다고 생각합니다. 제게 행복이란 그냥 맛있는 음식을 먹고, 좋아하는 노래를 듣고, 오랫동안 못 만난 사람들과 만나고, 사람들에게 칭찬을 받으며, 친구들과 함께 있을 때만 느낍니다. 행복은 그렇게 크거나 멀리 있지 않습니다.

缝隙玫瑰

틈새에 핀 장미

2학년 2반 양신제

大家好,我叫杨欣洁,来自中国。我是一个对体育舞蹈充满热情的学习者,平日里性格内向腼腆,不适于主动,希望大家都会为梦想而努力拼搏!

안녕하세요, 저는 양신제라고 합니다. 중국에서 왔습니다. 저는 스포츠 댄스에 열정을 가진 학습자입니다. 평소에는 내성적이고 수줍음이 많아 적극적으로 다가가는 것을 잘 못하지만, 모두가 꿈을 위해 열심히 노력하시길 바랍니다!

我不由得停住了脚步。

那是一番怎样的场景？一枝好似被鲜血染红的玫瑰突兀地出现在一个无人的角落，四周杂草丛生，没有嫩绿的青草，没有肥沃的土地，更没有蟋蟀蝈蝈的叫声。只有那一抹显眼的红。

凑近一看，这朵玫瑰的根茎居然长在石头缝里！我不禁感慨到：它是有多么顽强的生命力才能这样的环境下开放！这时，一片淡黄的树叶飘落在这朵玫瑰上，好似给玫瑰带上了一顶皇冠，成为了一个带着皇冠的女王，散发着高贵和冷傲。突然，一阵狂风袭来，树叶纷纷落下，它摇晃着脑袋和身驱。随后，豆大的雨点"啪啪"地打在地上，天空阴了下来，一场磨人的考验将要来临。

只见这枝玫瑰仍然昂着挺胸地抬着头，狂风再一次袭来，血红的花瓣一片片地飘落在地，但它不论风吹雨打，还是挺着腰腰板，根茎死死地咬在缝隙中，不肯低头。雨停了，一旁的杂草被吹倒了，而那枝在缝隙中的玫瑰也只剩下一片孤苦伶仃的花瓣，和它那挺直的腰板。

但我知道，它从未被风雨打倒，它仍保留着自己的一身傲屑，不屈不挠，不畏风雨。我蹲下捡起玫瑰落下的花瓣。没有泥土的腥味，只有一股清香流淌到了我的心间。我想，它肯定也曾抱怨过为何命运不公，生在缝隙如何才能生存！但后来它肯定也明白，缝隙如何？风雨又如何？只要不退，不怕，不惧，去顽强斗争，去奋力拼搏，所有的困难与挫折都不过如此。

绝处逢生，逢缝隙玫瑰。哪怕身缝绝处，也能顽强生存。自此，我对过去所爱的挫折不再恐惧，未来哪怕披荆斩棘，困难重重，我也一定要像这玫瑰般不屈不挠，迎难而上。

나는 저도 모르게 발걸음을 멈췄다.
그곳은 어떤 장면이었을까?
마치 피로 물든듯한 붉은 장미 한 송이가 황량한 구석에 갑작스레 나타났다. 그 주변은 잡초만 무성하고, 신선한 풀도, 비옥한 땅도, 귀뚜라미 소리도 없었다. 오직 눈에 띄는 그 붉은 색깔만이 있었다.

가까이 다가가서 보니, 이 장미의 뿌리와 줄기가 돌 틈에서 자라고 있는 것이 아닌가! 나는 감탄하지 않을 수 없었다.
"얼마나 강한 생명력이기에 이런 환경에서 꽃을 피울 수 있을까?"
이때, 한 장의 연한 노란색 나뭇잎이 장미 위로 떨어졌다. 그것은 마치 장미에게 왕관을 씌워준 것 같았고, 장미는 왕관을 쓴 여왕이 되어 고귀함과 차가운 자태를 뽐냈다.

갑자기 거센 바람이 몰아치면서 나뭇잎들이 우수수 떨어졌고, 장미는 고개를 흔들며 몸을 좌우로 흔들었다. 이어서 굵은 빗방울이 "톡톡" 땅에 떨어지며 하늘은 어두워졌고, 곧 고된 시련이 다가올 것만 같았다.

그럼에도 불구하고 장미는 여전히 가슴을 펴고 당당히 고개를 들고 있었다. 바람이 다시 몰아쳤고, 피처럼 붉은 꽃잎이 하나둘 땅에 떨어졌다. 하지만 장미는 바람과 비에 굴하지 않고, 줄기는 틈새에 단단히 박혀 고개를 숙이지 않았다. 비가 그친 후, 주변의 잡초들은 바람에 모두 쓰러졌지만, 돌 틈에 있던 장미는 외롭게 남은 꽃잎 한 장과 여전히 꼿꼿한 줄기만이 남아있었다.

하지만 나는 알 수 있었다. 장미는 결코 바람과 비에 쓰러지지 않았다는 것을. 그것은 여전히 스스로의 당당함과 자부심을 간직한 채 굴복하지 않았고, 바람과 비를 두려워하지 않았다. 나는 장미가 떨어뜨린 꽃잎을 주워 들었다. 흙냄새는 전혀 나지 않고, 오히려 맑은 향기가 내 마음속에 흘러들었다.

나는 생각했다. 아마도 장미는 왜 운명이 불공평한지, 왜 틈새에 태어나 살아남아야 하는지 한탄했을 것이다. 하지만 장미는 분명 깨달았을 것이다. 틈새가 뭐가 문제인가? 바람과 비는 또 어떤가? 물러서지 않고, 두려워하지 않으며, 강하게 싸우고 노력한다면, 모든 어려움과 좌절은 아무 것도 아니라는 것을.

궁지에서 피어나는 생명, 틈새 속의 장미. 비록 벼랑 끝에 서 있더라도, 강하게 살아남을 수 있다. 그 이후로 나는 과거에 겪은 좌절을 더 이상 두려워하지 않게 되었다. 그리고 미래에 어떤 어려움이 닥치더라도 나는 이 장미처럼 굴하지 않고, 맞서 싸우리라.

책쓰기 활동 소감

　　在人生的道路上，我们时常会遇到各种困难和挑战。希望大家不会被当下的环境所影响，像玫瑰一样，即使被困一隅，仍能在自己的世界里昂扬向上。这个世界或许会让人失望，但是上天安排我们经历的所有，都有其深刻的道理。那些未将我们击溃的困苦，终将会成为我们散发光芒的动力。

　　인생의 길에서 우리는 종종 다양한 어려움과 도전에 직면하곤 합니다. 여러분이 현재의 환경에 휘둘리지 않고, 장미처럼 비록 좁은 공간에 갇혀있더라도 자신의 세계에서 당당히 성장하기를 바랍니다. 이 세상은 때로 실망을 줄 수 있지만, 우리가 겪는 모든 일에는 하늘이 정한 깊은 뜻이 있습니다. 우리를 쓰러뜨리지 못한 고난은 결국 우리가 빛을 발할 수 있는 원동력이 될 것입니다.

How I spend my free time

2학년 4반 Shayan Muhammad

2학년 4반 사이언

Hello. I am shayan muhammad from waryong middle school 2nd grade 4th class. My nationality is pakistan and I was born in islamabad. I stayed in pakistan until I was 7 or 8 years old and then I came to here in 2018. So I've lived practically half my life in korea.

안녕하세요. 저는 와룡중학교 2학년 4반 샤얀 무하마드입니다. 제 국적은 파키스탄이고, 이슬라마바드에서 태어났습니다. 저는 7살 또는 8살까지 파키스탄에 살았고, 2018년에 한국에 왔습니다. 그래서 사실 제 인생의 절반을 한국에서 살았습니다.

Hello, I get bored very often so I have multiple ways to pass the time when I inevitably get bored or have nothing to do. So I'm pretty sure I know at least 40 people that do this first one, which is: glancing at my phone occasionaly then if I don't think of anything to do, I would probably go to my computer to play games maybe racing games which I enjoy very much as my love for cars is immeasurably high, I'd play that maybe watch some youtube perhaps a video about cars like how the bugatti tourbillon is being released as of the current time with the strange but unique steering wheel which is similar to the one in a citreon too but bugatti made it look like their steering wheel costs more than the entire citroen car.

But I like other cars tool, like the porsche cgt (carrera gt) where even though it doesn't handles well, it sounds heavenly and such a soothing loud carbon containing voice which brings me to a crying point and makes me want to give it a standing ovation every time I hear it. Another great one is the porsche 930, nicknamed as "The Black widow" it has a horrifying reason to achieve such name. it has more than enough horsepower needed for an average human being to drive without crashing within the first 5 minutes.

Enough porsche though, lets go italian. Italy has some of my favourite food, places, beaches and cars. The first italian car brand I like is obvious, its ferrari. Vincenzo Ferrari who created the company has created art and I think you could agree. As of 2024-10-30 The Ferrari SF90 Stradale has to be my favourite ferrari, the newest ferrari "F80" is not the best and it doesn't really make sense because ferrari's quote was once "Aerodynamics is for people who cant build an engine." But now they have the most advanced technology of aerodynamics in their new car like using the spoiler to brake harder by tilting the spoiler frontwards and therefore pushing the car down and making it get more traction on the ground.

Ferrari has made a chain of companies too. let me explain. in 1963 Ferrari got a deal from Ferrucio Lamborghini and he wanted to build supercars with ferrari in their company, but ferrari saw that the guy had been a farmer and making tractors for his whole life. So they had to reject him. Then after that Ferrucio Lamborghini started his own company called "automobili lamborghini" in modena. Then he made the lamborghini you know today.

Then a little years later in the 90s a young argentinian asked lamborghini if he could be accepted into the company as he had always had the dream of making cars. but when he got accepted they gave him the role of a janitor. He said he wanted to make cars of carbon fibre, but they said its too expensive for the borderline bankrupt company at the time. The young man left the lamborghini studio and then started his own company. And he called it "pagani" because his name was Horacio Pagani. pagani was more focused on the model of the car and borrowed the engines from a citroen.

And then drove his Carbon fibre lightweight cars around. Then another young man comes up to horacio and asks him if he can join the company because he wants to make cars with insanely fast engine and he said he had the knowledge to make the engines. But Pagani declined because pagani was focused on looks more than speed. The young man in question started the company named "Hennessey" they now have one of the fastest cars The "Hennessey Venom F5". And this has been going on for a couple years in the automotive industry for about the past 50 years. koenigsegg and bugatti decline a guy, he makes one of the most luxurious hypercar brand "Nilu" and it goes on and on. But don't look at this as loss.

because this is what innovation, creativity and different ideas do to make an industry rise and fall and go down as a legend.

Where was I? Oh, right when I get bored. I have a lot of games which I play but I can't really list them all on these 2 papers. I'll just explain my most played games. First off is Minecraft and you should basically know what it is but I'll explain it. its a block game but with survival and creative mode and multiplayer. and Boom. Most played computer game right now. The second one is Trackmania which has formula one cars but they have extremely unrealistic and arcade physics. But that's not a bad thing it really just adds character. And the bugs the players have found over the 14 years of the game is Insane. I could fill the rest of the page from here to the end just naming every technique or bug. Next is CarX. CarX has quite nice graphics and easy physics to drift on.

It's been one of my go-to games when I'm bored. And the last one is War thunder. Lord have mercy on your soul if you know war thunder. Beacuse if you play the game once. It sucks you down a rabbit hole deeper than a wormhole. I've been playing the game for 2 years and it feels like I started playing a week ago. its extremely fun though I would recommend because it has good graphics and realistic physics.

Now that's really just literally the first inch of the iceberg of what I do when I get bored because I have WAY too many things to do when I'm bored. There's some that I do more here but I felt like not adding them like Going the the gym, Mountain biking, cooking, doing tricks on my bike, chess, sleeping is a big one too and listening to music. And that is some of the things I do when I get bored. I hope you maybe enjoyed reading, learned something new or liked the words I wrote.

내가 여가를 보내는 법

안녕하세요! 저는 자주 지루해져서, 지루할 때나 할 일이 없을 때 시간을 보내는 여러 가지 방법이 있어요. 첫 번째 방법은 휴대폰을 가끔씩 보다가 할 만한 게 없으면 아마 컴퓨터로 가서 게임을 하는 거예요. 특히 자동차에 대한 애정이 깊어서 레이싱 게임을 정말 좋아하죠. 유튜브에서 자동차 관련 영상을 보기도 해요. 예를 들어, 부가티 투르비용이 현재 출시되는 모습이나 시트로엥과 비슷한 독특한 스티어링 휠에 관한 영상 같은 거요. 부가티는 그 스티어링 휠이 시트로엥 차 전체 가격보다 더 비싸 보이게 만들었죠.

다른 자동차들도 좋아해요. 예를 들면, 포르쉐 CGT(카레라 GT)는 핸들링은 그리 좋지 않지만 정말 천상의 소리를 내요. 포르쉐 930, 별명은 '블랙 위도우'인 이 차도 멋진데, 이 별명에 걸맞게 엄청난 마력을 가지고 있어서 보통 사람은 5분 안에 사고를 낼 수도 있어요.

이제 이탈리아 차로 넘어가 볼까요? 이탈리아는 제가 좋아하는 음식, 장소, 해변, 그리고 자동차가 있는 나라죠. 첫 번째로 좋아하는 이탈리아 브랜드는 페라리에요. 페라리는 정말 예술 작품을 만든 것 같아요. 2024년 10월 30일 기준으로 제가 가장 좋아하는 페라리는 SF90 스트라달레인데, 최신 페라리 모델인 F80은 제 마음에 들지 않아요. 페라리는 한때 "공기역학은 엔진을 못 만드는 사람을 위한 것이다"라고 말했었는데, 이제는 스포일러를 앞으로 기울여 더 강력하게 제동을 걸고, 그로 인해 차가 지면에 더 붙을 수 있도록 하는 등 가장 진보된 공기역학 기술을 갖춘 차를 만들었거든요.

페라리는 여러 브랜드를 만들어 왔어요. 1963년, 페루치오 람보르기니가 페라리와 슈퍼카를 함께 만들자는 제안을 했지만, 페라리는 람보르기니가 평생 농부로 지내며 트랙터를 만들어 온 사람이라는 이유로 그를 거절했어요. 이에 페루치오는 자신만의 회사인 '오토모빌리 람보르기니'를 모데나에 설립했고, 우리가 아는 람보르기니를 만들었어요.

90년대에 아르헨티나의 젊은 청년이 람보르기니에 입사했지만, 그곳에서 청소 담당으로 시작하게 됐죠. 그는 탄소섬유로 자동차를 만들고 싶다고 했지만, 당시 재정적으로 어려웠던 회사는 이를 거절했어요. 그래서 그는 람보르기니를 떠나 자신만의 회사인 '파가니'를 세웠죠. 파가니는 주로 자동차의 디자인에 중점을 두었고, 엔진은 시트로엥에서 빌려 사용했어요.

그 후 또 다른 젊은이가 파가니에게 찾아와 자신이 엔진에 대한 지식을 갖고 있으며 빠른 엔진을 만들고 싶다고 했지만, 파가니는 속도보다 외형에 집중하고 있어서 그 제안을 거절했어요. 그 젊은이는 '헤네시'라는 회사를 세워 세계에서 가장 빠른 차 중 하나인 '헤네시 베놈 F5'를 만들었죠. 이렇게 자동차 산업에서 거절당한 사람들이 새로운 고급 하이퍼카 브랜드를 창출하는 일이 지난 50년간 반복되었어요.

자, 제가 지루할 때 하는 것들로 돌아와서, 제가 자주 하는 몇 가지 게임을 소개할게요. 첫 번째는 마인크래프트로, 블록으로 이루어진 생존 및 창의 모드와 멀티플레이어 기능이 있어요. 현재 가장 많이 플레이되는 컴퓨터 게임이죠. 두 번째는 트랙매니아인데, 이 게임은 포뮬러 원 자동차를 사용하지만 아주 비현실적인 아케이드 물리를 가지고 있어요. 그게 오히려 매력 포인트죠. 그리고 CarX도 그래픽과 물리가 좋아서 드리프트하기 쉬운 게임이에요.

　마지막으로, War Thunder라는 게임이 있어요. 이 게임을 시작하면 정말로 시간이 빨리 가고, 거의 빠져들게 돼요. 저는 이 게임을 2년 동안 플레이하고 있는데, 마치 일주일 전에 시작한 것처럼 느껴질 정도죠.

　이 외에도 저는 헬스장에 가거나 산악자전거를 타고, 요리하고, 자전거로 묘기를 부리기도 하며, 체스, 수면, 음악 감상 등으로 시간을 보냅니다. 이 글이 여러분께 새로운 정보를 제공했거나 재미를 주었다면 기쁠 것 같아요.

책쓰기 활동 소감

I wrote the text with a mind full of expectations as i believe i'm basically ahead of people in my age group. not to be rude though. i believe that people my age could see it and have a mindset that i have in terms of creativity and hope. and have the same interests as me.

저는 제 나이대 사람들보다 기본적으로 앞서 있다고 믿기 때문에 기대감을 가득 안고 이 글을 썼습니다. 무례하게 말하려는 것은 아니고요. 제 나이 또래 사람들이 이 글을 보고 창의성과 희망에 대한 제 생각을 이해하고, 저와 같은 관심사를 가질 수 있기를 바랍니다.

도깨비의 숲

2학년 6반 김지환

판타지 어드벤처의 세계로 초대합니다!

목차

거인의 숲

험난한 여정의 개막

처음 느끼는 두려움과 공포

도깨비의 왕 비형랑

끝없는 공포의 흑암 속

친구의 마지막

바다의 이야기

잊혀진 이야기

의리의 약속

흑막을 향한 결정

꺾이지 않는 마음

거인의 숲

깊고 어두운 숲속 어딘가.

끔찍하고 처절한 비명 소리가 들린다.

"으아악 살려줘!!!! 제발 사, 살려……끄어억"

숨이 넘어가는 소리와 함께 살과 뼈가 으스러지고 찢어지는 소리가 난다. 푸른 잔디 위로 시뻘건 피가 웅덩이를 만들며 떨어졌다. 무언가에 잡혀 산채로 뜯어 먹히는 사람은 고통에 몸부림치는 비명과 울음을 내뱉었다. 그의 발은 공중에서 허우적거리다 머리가 물어뜯긴 후 곧 작은 경련을 일으키며 움직임을 완전히 멈췄다. 사람을 잡아먹은 그것은 "와그작 우그적" 하는 소리를 내며 천천히 마지막까지 말끔히 먹어 치웠다.

1927년 더운 여름의 어느 날.

"허헉 허허헉"

거친 숨을 몰아쉬며 한 남자가 뛰었다. 그 모습이 마치 어딘가에 쫓겨 급하게 도망치는 모습처럼 보였다. 아니, 그는 실제로 도망치고 있었다.

급한 숨을 몰아쉬며 그는 갈림길에 멈췄다. 한쪽은 숲을 낀 마을이었고 한쪽은 험한 물살을 가진 강이었다. 자신을 쫓아온 자들은 바로 앞에 보이는 숲에 들어갈지도 몰랐다. 그렇다면 그가 갈 곳은 정해졌다.

'옆 마을에 숨어야 되겠군.'

그는 두 길 중 왼쪽 강가로 도망쳤다.

시간이 좀 지나자 검은 옷에 경찰복을 입은 일본 순사들이 말했다.

"미개한 조센징 놈! 도대체 어디로 간 거야? 칙쇼."

그들은 가장 가까운 마을이 있는 오른쪽 숲길로 들어갔다.

마을에 온 순사들은 마을 입구에 다다르자 큰 소리로 외쳤다.

"미개한 조센징 놈들… 싹 다 나와! 모두 다 끌어내."

일본 순사들은 마을에 들어가자 집 안으로 들어가 흙 묻은 신발을 신은 채 방 안에 있는 모든 사람들을 끌어내어 마을 중앙으로 데리고 갔다.

영문을 모르는 사람들은 총에 얻어맞거나 군화에 짓밟혔다.

마을 사람들은 무릎을 꿇은 채 무슨 일인지 알지도 못하고 벙어리가 되어 눈만 데굴데굴 굴렸다.

일본 순사들은 자신들이 찾는 사람이 없자 마을 옆에 있는 어두운 숲으로 눈길을 돌렸다.

그때 마을 사람 중 한 사람이

"저기에 들어간 동포들은 아무도 나오지 못했습니다."

라고 말하자 순사는 기분이 나빠졌다.

곧 마을 이장을 불러 이 숲을 잘 아는 사람을 찾으라고 하자 그는 상인인 '김'씨와 '이'씨 그리고 '박'씨를 데리고 왔다. '김'씨라고 불린 남자는 키가 크고 멀쑥한 얼굴을 한 순박한 인상의 남자였다.

"네놈들이 숲을 안내해라. 우리 대 일본 제국에 굴욕을 준 테러리스트를 못 찾으면 이 마을 사람 모두 죽여버리겠다."

김씨는 저 숲에 들어간다는 것이 어떤 의미인지 알았다. 하지만 사랑하는 아내와 자신의 아이, 마을 사람들을 위해 숲으로 들어갔다.

곧 대여섯 명의 일본 순사들과 '김'씨와 '이'씨, '박'씨가 숲으로 들어가고 마을 사람들은 그들의 모습을 다시 볼 수 없었다.

숲에 들어선 일본 순사들은 생각보다 더 어둡고 깊은 큰 숲에 당황하고 말았다. 숲은 어둡고 컸으며 모든 소리를 삼킨 듯 기분 나쁜 고요함이 공간을 지배하고 있었다.

그들은 김씨의 등 뒤로 총을 겨누며 앞장서라고 손짓했다. 그 모습에 이씨가 얼굴을 붉히고 주먹을 불끈 쥐었고 박씨가 이씨를 말리며 고개를 저었다. 김씨는 그들을 보며 괜찮다고 고개를 끄덕거렸다. 그들은 천천히 숲을 걸어갔다. 빨리 이 숲을 벗어나고 싶었지만, 이상하게도 숲에서 나갈 수 없었다. 숲 안을 홀린 듯 같은 곳을 빙글빙글 도는 것 같았다.

침을 꿀꺽 삼키며 긴장감이 감도는 그때였다.

'쿵! 쿵! 쿵!'

커다란 발소리에 주위를 둘러보자, 맹수가 울부짖는 소리가 옆에서 크게 들려왔다.

모두가 놀라 고개를 돌리니 4척이 넘는 덩치에 쇠몽둥이를 가지고 있는 검은 형태의 거인이 입가에 날카로운 이빨을 드러내며 웃고 있었다. 그 모습이 너무도 소름 끼쳤다. 충격에 빠진 순사 한 명이 총알을 난사하기 시작했다. 하지만 그 괴물에게는 아무런 상처도 입히지 못했다. 거인은 자신에게 총을 쏜 남자의 머리를 커다란 손으로 잡았다. 곧 그에게 잡힌 머리가 끔찍한 소리를 내며 수박이 터지듯 머리가 으깨져 버렸다.

우두머리 순사는 그 모습을 보고 아연실색해졌다.

"끄아아악!!"

옆에서 끔찍한 비명 소리가 들려 돌아보자 거기에는 커다란 짐승이 다른 순사를 잡아먹고 있었다. 남자의 하반신은 순식간에 괴물의 입에 삼켜지며 피눈물을 흘리곤 살려 달라며 팔을 뻗었지만, 괴물은 순식간에 그 순사도 머리끝까지 먹고 말았다.

"히익! 사, 살려줘."

우두머리 순사가 외마디 비명을 지르며 김씨를 검은 거인 쪽으로 밀어버렸지만 검은 거인은 김씨에게는 조금도 눈길을 주지 않은 채 순식간에 우두머리 순사를 잡아채었다.

순사의 눈과 괴물의 눈이 마주쳤다.

괴물은 매우 맛난 것을 본다는 눈으로 길게 눈꼬리가 휘어져 웃고 있었다.

커다란 입이 벌어지고 순사의 머리가 괴물의 입으로 들어갔다.

"끄아아아아아악!!!"

끔찍한 비명만 남긴 채 마지막 순사도 산채로 머리와 어깨가 뜯어 먹혔다. 두 번 나누어 먹는 바람에 허리까지 잘린 하체는 땅으로 떨어지며 장기와 핏덩어리가 쏟아졌다. 끔찍한 모습에 김씨와 이씨, 박씨는 고개를 돌리며 두 눈을 감았다. 그들의 비명과 함께 순사 여섯 명 중 세 명이 죽었지만 귓가에는 아직도 그들의 비명 소리가 들리는 것 같았다. '김', '이', '박' 씨만 남자 검은 거인 형태의 괴물은 눈살을 찌푸렸다.

"착한 건 맛없어서 먹지도 못하는데 할 수 없지."

그들 뒤로 나뭇가지 줄기 여러 개가 뻗어 나와 세 사람과 남아있던 순사 세 명의 몸을 꽁꽁 감쌌다. 머리부터 발끝까지 감싸인 그들과 함께 검은 괴물은 나무줄기에 감싸인 세 사람을 데리고 천천히 숲속 깊은 곳으로 들어갔다.

7년 후 1934년.

'김'씨의 아내인 '이'씨는 혼자 아이를 키웠다. 아버지 없이 부족하게 자라지 않을까 걱정했지만 아이는 건강히 자라서 15세 나이의 강한 소년이 되었다. 어렸을 때부터 학문과 싸움에 재능이 출중한 소년은 마을에서도 강인한 아이로 자랐다. 하지만 그 일 이후로 아이는 다른 가족들과 달리 아버지 없이 자랄 수밖에 없었다. 그러니 아이는 아버지가 너무도 그리웠다. 어느 때와 같이 저녁 늦게까지 마을 사람들 몰래 놀고 있던 김홍검과 박수현, 이도형은 마을 사람들로부터 절대로 들어가지 말라는 도깨비의 숲에서 희미하게 이름을 부르는 소리를 들었다.

"홍검아, 아빠 여기 있단다."

홍검과 수현, 도현은 자신을 부르는 아빠 소리에 아빠에게 무슨 일이 생겼음을 직감했다. 아이들은 아버지를 찾아오기 위해 금기의 숲 '도깨비의 숲'으로 들어가기로 마음먹었다.

보름달이 밝은 어느 날, 아이들은 어머니와 할머니께 각기 편지를 남기고 숲으로 들어갔다.

험난한 여정의 개막

홍검과 그의 일행이 숲에 발을 내딛자 들어왔던 길이 흐려지면서 순식간에 사라졌다. 당황한 일행은 다시 뒷걸음질 쳤지만 이미 입구는 온데간데없이 사라진 뒤였고 숲에 들어온 것을 뒤늦게 후회하였지만 이미 늦었기 때문에 망연자실하였다. 그 순간 땅과 나무가 흔들리며 저 멀리서 무언가가 다가왔다.

일행은 재빨리 바위 뒤에 숨었다. 무언가는 숨어 있는 일행들 위에 멈추더니 냄새와 주변을 둘러보았다. 일행이 숨은 바위 아래에 얼굴을 들이밀 때 일행은 피비린내와 악취, 상체가 뜯긴 사람을 잡고 뜯어 먹으며 피가 뚝뚝 떨어지는 것을 보았고 그들은 엄청난 공포와 위압감에 내질렀다. 들키려는 순간! 그것은 일행을 지나쳤고 위기를 모면했다. 그들은 아까 본 그 존재를 보고 이 숲은 요괴들이 사는 숲인 것을 알아차렸다.

홍검과 도형, 수현은 무서운 요괴에게 새파랗게 질려 버렸다.

도형은 홍검에게 화를 내며 외쳤다.

"이렇게 위험한 숲이라고는 말하지 않았잖아. 아니, 이런 곳이라면 난 오지 않았을 거야."

홍검은 도형의 말에 친구들을 끌어들인 것 같아 "미안하다."라고 말했다.

그때 일행들 앞으로 반딧불 하나가 보였다. 곧이어 반딧불 수천 마리가 모여 어두운 숲을 가득 메웠다. 그리고 그 반딧불은 하나의 길처럼 나란히 이어져 일행을 어딘가로 인도하는 듯 보였다. 일행은 반딧불을 따라갔다.

반딧불이 인도한 곳 끝에는 넓은 공터가 보였는데 그곳은 오색 빛으로 빛나고 향기로운 냄새가 가득했다. 가까이 가서 자세히 보니 커다란 산과 빛이 나는 폭포수가 있었다. 폭포수와 샘물은 매우 맑고 깨끗하며 오색 빛이 감돌았고 보통 동물과는 확연히 다른 다양한 생물들이 목을 축이고 있었다. 일행도 목을 축이기 위해 몸을 숙이려 할 때, 땅이 울리며 폭포수가 두 갈래로 갈라지며 폭포수 중간에서 무언가가 서서히 튀어나왔.

일행은 당황하며 폭포수 주변을 두리번거렸다. 수현이 당황하며 외쳤다.

"뭐…… 뭐야? 얘들아 저것 좀 봐!"

수현이가 가리킨 곳에는 젊은 커다란 여인의 모습 같은 것이 있었다.

빛나는 푸른 오색 빛깔, 두 갈래의 장발 머리카락과 하늘에서 땅까지 닿는 산 형태의 풍만한 몸, 고운 비단의 옷, 매우 젊고 아름다운 외모, 길고 날카로운 손톱의 여인 형태였다. 그녀는 "허락된 자들만 이 샘물을 마실 수 있고, 허락되지 않는 자는 마실만한 자격을 보여줘야 마실 수 있다." 라고 말하며 손으로 가로막았다.

일행은 목이 말랐지만 물 마시려는 것을 포기하려 했다.

"제가 보여 드리겠습니다."

홍검은 앞에 서고 무릎을 꿇고 머리를 박으며 말했다.

"여신이시여! 저희는 이 숲에 들어온 뒤로 아무것도 먹지 못하여 지쳐

도깨비의 숲

쓰러질 것 같은 처지이옵니다. 제가 마시지 못하더라도 저의 동료들만큼은 마시게 허락하시옵소서."

그것을 본 일행은 매우 놀랐고 특히 숲에 들어온 후 사이가 멀어진 도형마저 마음이 흔들렸다.

여인은 홍검이 15살이라는 어린 나이에도 불구하고 정중한 태도를 취하고 있고, 남을 위해 자신의 몫을 포기하면서까지도 남을 배려하는 모습에 크게 감동하여 샘물을 마시는 것을 허락하였고, 일행은 목을 축일 수 있었다.

샘물을 손으로 떠 마시니 허기와 갈증이 모두 해소되며 질병도 낫고 몸에 활기가 생겼다. 이 샘물은 사실 생명수 샘이었던 것이다.

여인은 산에서 맛도 좋고 몸의 생기를 돌게 하는 생명과를 나누어 주었다. 일행은 여인과 이야기하며 서로를 알아가고 정보도 얻게 되었다.

그들은 이 숲의 이야기를 듣게 되었다.

여인은 자신을 '마고'라 소개하며 이 숲과 산, 남위를 지배하는 지리산 여신이라고 말했다. 마고는 원래 창조신이었지만 용서받을 수 없는 큰 죄를 지어 자신이 창조한 한반도로 내쫓겨서 남(남쪽) 신이 되었다고 말하였다. 마고는 말하였다.

"여기는 각종 귀(신, 물), 괴(물), 시니(신), 영(물) 등이 산단다. 그리고 도깨비들과 존재들이 화, 흑으로 분열되어 아주 오랫동안 부딪히고 싸우며 세상은 무너졌고 생명이 살 공간이 없자, 천지와 만물의 신 하느님(우주를 창조한 한국의 전통 신)은 두 세력을 숲에 봉인시켜 한 세력이 하나로 될 때까지 옥에 가두어 지금까지 대립 중에 있단다."

그녀는 이어서 의문을 품으며 질문했다.

"너희같이 어린아이들이 어찌하여 이곳에 왔니?"

홍검은 대답했다.

"아버지를 구하러 왔사옵니다."

마고는 되물었다.

"아버지가 살아 계시지 않을지도 모르는데?"

홍검은 대답했다.

"저는 아버지의 목소리를 분명히 들었고 죽을 각오로 왔으니 저는 나아갈 겁니다."

그 말을 들은 여신은 결심한 듯 입을 열었다.

"사실 너희 아버지를 납치한 존재는 두억시니라는 흑의 두목이야, 내가 몇 년 전 두억시니와 그의 간부들이 허락 없이 침입한 일본 순사들을 잡아먹고 매우 선량한 남성을 잡아가는 것을 보았는데 그 얼굴이 너랑 쏙 닮았어."

그것을 들은 홍검은 그곳이 어디인지 물었고 여신은 남서쪽이라고 말했다. 그녀는 급하게 출발하려는 일행을 막아서며 도움을 주겠다고 했다. 그녀는 호랑이가 그려진 마패와 칼, 비단옷, 음식이 담긴 작은 보따리, 반딧불을 주었다. 반딧불은 마고 다음으로 도와줄 조력자의 위치를 알려주는 길잡이의 역할을 했다.

일행은 여신과 동물들에게 배웅받으며 다음 목적지를 향해 나아갔다.

처음 느끼는 두려움과 공포

어느 숲속 길 한 가운데.

수현이 불평이 섞인 듯 말한다.

"아니, 아침인데 안개가 왜 이렇게 가득한 거야."

반대로 도형은 신난 듯 말한다.

"하하, 이런 느낌 딱 좋은데?"

양손에 칼을 들고 휘젓는다.

홍검은 조용히 말한다.

"야, 위험하니까 칼 내려놔."

그러자 도형은 "야, 내가 대장인데 이래라저래라는, 뭐 내가 대장이니깐 부하 말대로 해줄게."라며 홍검의 눈치를 힐끔 본다.

저 멀리 앞에서 무언가를 뜯어 먹으며 움직이는 물체가 보인다. 도형이 앞으로 나선다.

"뭐야 저게?"

조금씩 다가가자 그것은 먹는 걸 멈추고 빛나는 눈으로 일행을 쳐다본다.

그 물체가 몸을 일으켜 세우니 말만 한 크기의 산짐승이었다. 그것이 살금살금 다가와 도형과 눈이 마주쳤고 눈앞에서 수많은 기억들이 지나가며 멈추었다. 도형은 순간 소름이 쫙 돌았다.

뒤돌아서서 "야! 야! 뛰어!!"

그는 홍검과 수현을 허리춤에 안고 달리기 시작했다.

그 짐승도 달리기 시작했다. 수현은 놀라며 말했다.

"야! 저게 뭐시여?"

도형은 맞받아쳤다 "내가 어떻게 아누!"

짜증 난 듯 받아 치고 달리고 있을 때, 그 짐승은 그들을 따라잡으며 도형의 급소를 물었다. 도형은 기울어지며 쓰러졌고 일행은 옆 길목 아래로 떨어지고 말았다. 그 후 얼마 안 있어 홍검은 눈을 떴고 주변에 쓰러져 있는 친구들이 보였다. 급소를 물려 중상을 입은 도형과 의식을 잃은 수현을 발견한 홍검은 친구들을 업고 친구들을 살리기 위해 도움을 청할 곳을 찾으러 산에 이곳저곳을 찾으러 돌아다녔다.

날이 저물자 상태가 점점 악화하는 친구들을 보며 홍검은 절망하였다. 그때 방금 전까진 없었던 기와집이 눈앞에 보였다. 기와집 문 안으로 들어서면서 홍검은 도움을 요청했다. '덜컹' 소리가 나며 문이 열리더니 어떤 할머니 한 분이 나오시며 "어머나 세상에…… 얼른 들어오자. 군아."라고 하시면서 일생을 집안으로 들여보내 주었다.

도형은 응급처치한 후 안정되었고 수현은 안식을 취하니 회복되어 갔다. 할머니는 음식과 잠자리를 마련해 주셨고 그녀의 호의에 홍검은 잠자리에 들었다. 특히나 오늘은 깊은 잠에 빠져들었다.

"당신 말대로 했어. 이제 우리를 자유롭게 해줘!"

도깨비의 숲

할머니의 목소리가 들리고 이어서 어둡고 기괴한 목소리가 들렸다.

"하하하 내가 너희 일족을 풀어줄 것 같았냐? 아니, 절대로 아니지. 내가 죽음으로 자유롭게 해주지!"라는 목소리에 홍검은 일어나 칼을 챙기며 문틈으로 보았다.

크기는 말만 하고 푸른색 털과 갈기, 큰 어금니의 짐승이 범을 잡아먹으려 하자 어떤 호인(虎人)이 칼과 갑옷으로 막고 있었다. 하지만 짐승의 힘은 막강했고 그가 쓰러지자 홍검이 짐승에게 달려들었다. 홍검은 무의식으로 짐승의 눈을 칼로 찔러 넣었다. 짐승은 포효하며 "한낱 인간 따위가…"라고 울부짖었다.

홍검 주위에 붉은 연기가 휘감겼다.

"한낱 인간일 뿐이지. 하지만, 인간이라고 그렇게 쉽게 쓰러지지 않아!"

칼을 더 깊게 찔러 넣자 쓰러져 있던 호인(虎人)이 창살을 들고 와 짐승의 가슴에 찔러 넣었고 짐승은 "한낱 인간 따위가 감히…."라고 외마디를 지르며 피를 내뱉으며 결국 최후를 맞이하게 되었다.

범은 무릎을 꿇으며 "감사하나이다! 저희 일족의 주군으로 받들겠나이다."라며 범들이 모두 홍검에게 복종하였다.

그들 일족의 대장인 '백포건'은 하나의 이야기를 들려주었다.

"저 짐승은 '식호표'라는 두억시니 간부 중 하나의 수하입니다. 이 산에 와 범들을 잡아먹고 군림하게 되었고 저희는 공포 속에 살아갔사옵니다."

이야기하는 도중 범 한 마리가 흐느끼며 울부짖었다.

"인간들을 잡아먹겠다면서 유인했는데 결국 귀인분의 용감한 일격으로 폭군이 저렇게 되었습니다. 덕분에 저희는 벗어났습니다! 정말 감사하옵니다.”

그들은 해방을 열어 준 홍검에게 충성하며 잠자리와 먹거리를 제공하며 치료도 해주었다. 그들의 정성에 일행은 기운을 차리고 뛰어놀 정도로 회복되었다. 심신의 안정을 얻은 그들이 다시 길을 떠나기 위해 준비하자 범들은 튼튼한 보자기와 물, 음식 등을 준비해 주면서 특별히 홍검에게는 “당신은 보통 인간보다 특별한 것이 있습니다. 자신을 믿으세요. 그것이 당신의 큰 힘이 될 겁니다.”라고 의미심장한 말을 하였다.

그들의 배웅을 받으며 일행은 천천히 출발하였다.

도중에 길을 잃어버렸기 때문에 다른 길을 통해 나아가다가 커다란 강물이 나타났다. 강을 건너려 했지만, 물살이 너무나도 강해 건널 수 없었다. 도형은 “나만 믿으라.”며 두 명을 업고 물길을 헤치고 나아갔다. 그러자 넓고 커다란 강이 보였다. 그들은 그곳에서 신이 나서 물장구를 치며 놀았다. 일행 중 수현이가 갑자기 물속 깊이 빨려 들어갔다.

“뭐야. 뭐야??”

수현의 눈에 무언가가 보인다.

“저건 사람 같은데… 혹시 저건 물귀신? 으아아아!”

수현은 발버둥을 쳤다.

수현의 비명에 홍검과 도형은 놀랐다. 수현의 발버둥에 물결과 공기방울이 이는 것을 알아챈 도형은 재빠르게 수면 아래로 들어갔다.

"찾았다. 이 녀석!"

도형은 수현과 그 무언가를 물 밖으로 내던진다.

"컥컥컥, 덕분에 살았어. 도형아"

도형은 수현에게 웃으며 엄지척했다.

일행은 주동자의 정체를 보려고 다가갔다. 그것은 매우 아름다운 소녀의 모습에 얼굴 옆면에 지느러미가 있었고 낡은 천 옷을 입고 있었다. 일행과 그것은 서로 경계했지만 시간이 지나면서 점차 친해지자 그것은 입을 열었다.

"아… 안… 안녕?… 나는 신해인이야."

그들은 깜짝 놀랐는데 겉은 소녀이지만 목소리는 여린 소년이었기 때문이다.

"나는 바다의 일족인 신지께 족이야. 우리 일족은 인간의 무차별적인 박해로 뿔뿔이 흩어져서 숨어 살고 있어."

일행은 해인이 수현을 공격한 이유가 짐작이 갔다.

"나는 두억시니라는 도깨비에게 가족을 잃었어."

해인은 말을 이었다.

"아까는 미안해. 너희가 나를 잡으러 온 그의 일당인 줄 알았어."

일행은 괜찮다며 해인이 주는 사과를 받아 주었다. 일행이 짐을 싸며 출발하려 하자 해인이 말했다.

"나도 함께 가고 싶어. 내 가족의 복수를 하고 인어족에게 평화를 주고 싶거든."

일행도 같은 마음이기에 해인을 일행으로 받아 주었다.

일행은 강을 건너고 개울을 건너고 절벽을 넘고 산을 넘었다. 밤이 되자 홍검은 "밤은 위험하니 얼른 은신처를 마련해 보자."라며 몸을 숨기기 위해 어떤 낡고 작은 기와집에 들어가자 아늑하고 따뜻한 넓은 방이 하나 있었다. 일행이 잠자리를 준비하던 그때, 문 너머에서 '삐걱삐걱' 소리가 났다.

"우아아아하, 그렇다 데스네."

밖에서 말소리가 났다. 일행은 놀라며 숨을 곳을 찾았다. 그들은 집 천장 기둥에 매달려 몸을 숨겼다. 일본 순사의 말투를 쓰는 한 건장한 남성이 문을 열려고 했기 때문에 일행은 매우 놀랐다. 다행히 문이 녹슬어 잘 열리지 않았다. 그 사이에 일행은 빠르게 천장에 올라가며 몸을 숨겼고, '쿵! 쿵! 쿵!' 하는 소리와 함께 문이 열렸다.

"이 문 고쳐야 하나?"

"괜찮다, 유카상! 한 번 술 잔치할까데스?"

그들은 대화를 하며 크고 가시가 둘러져 있는 쇠 방망이로 허공을 내려쳤다. 그 순간, 침이 삼켜지는 풍족한 식탁이 차려졌다. 식탁에는 과일, 흰쌀밥, 고기, 각종 음식들, 수라상만큼의 반찬이 차려져 있었다. 그들은 값비싼 술과 만찬을 즐겼다.

"우하하하, 대한제국의 본토에 숨어 사는 거 즐겁구먼데스네? 특히 이 도깨비 숲은 일제의 감시도 없고 재밌는 건 널리고 널렸으니 끝내주그먼데스."

도깨비의 숲   167

그들은 도깨비처럼 보였지만 일반적인 도깨비의 모습과는 조금 달랐다. 마치 일본의 오니 같았다.

위에서 내려다보고 있던 도형이 음식을 보고 입을 벌리며 정신없이 쳐다보다 입가에 고여 있던 침이 떨어지고 말았다. 침은 오니의 이마에 떨어졌고 그는 천장을 보려 하는 순간, "물이 세나?"라며 고개를 돌렸고 해인은 도형의 이마에 꿀밤을 때리고 숨을 죽였다. 다행히 오니는 더 이상 천장을 신경 쓰지 않고 앞을 보았고 일행들은 안심하며 다시 몰래 볼 수 있었다.

"두억시니상 덕분에 이렇게 떵떵거리며 놀 수 있다니데스. 겔겔겔"

홍검은 두억시니라는 말에 깜짝 놀라 대들보를 밟고 말았다.

'삐걱'

그 소리에 오니가 벌떡 일어나 소리쳤다.

"누…누구냐?"

홍검은 순간 한가지 꾀를 생각해 냈는데 도토리를 크게 깨무는 방법이었다. 홍검은 세 명에게 도토리를 깨물라 지시했고 모두 동시에 도토리를 깨물자 집이 부서지는 듯한 소리가 났다. 오니들은 집이 무너지는 줄 알고 줄행랑을 쳤다. 일행은 천장에서 내려와 재빨리 반대쪽 길로 달렸다. 정신없이 달리다가 뒤를 돌아보니 꼬임에 넘어가 뿔이 난 오니가 쫓아오고 있었다. 절벽에 다다르자 길이 막혔다.

"순순히 오지데스?"

홍검은 일행을 보며 고개를 끄덕였고 세 명은 "진짜?" 하는 표정으로 손을 잡고 절벽으로 뛰어내렸다.

그때 커다랗고 긴 산갈치(山葛侈)에 떨어져 목숨을 건지는데 성공했다. 산갈치는 머리부터 꼬리지느러미까지 푸른 빛이 감도는 모습이었다. 일행은 낮은 지대에 내려 길을 따라갔다. 산갈치는 그들을 데리고 어두운 숲길로 들어섰다. 달빛조차 다다르지 않은 어두운 길이었다. 일행은 컴컴한 숲을 보며 무서워 어깨를 움츠렸다.

"와아!"

일행 중 한 명의 입에서 감탄사가 터져 나왔다.

어두운 길에 하나둘 선명한 작은 빛이 조금씩 모여들어 수많은 불빛들이 모여 하나의 길을 만들어 내고 있었다. 그 길은 반딧불 길이었다.

도깨비의 왕 비형랑

길을 따라가다가 커다랗고 견고한 나무다리를 건너자 벽돌 모양으로 조각한 바위를 견고하게 쌓은 커다란 벽 문이 나왔다. 16척도 넘는 문을 열기 위해 도형은 수현을 목마 태우고 수현이 홍검을, 홍검이 해인을 목마를 태워 무겁고 큰 손잡이를 들어 쳤다.

'쿠 쿵!'하고 크게 울리며 '찌어억!' 소리를 내며 문이 열렸다.

문 안은 빛이 환하게 감돌고 있었다. 그때 건장한 남성 네 명이 망치같이 생긴 방망이를 들고 나타났다. 그들은 방망이로 위협하며 "너흰 누구인가? 이방인이여! 허락되지 않은 자는 결코 들어올 수도 나갈 수도 없다!"라고 했다.

홍검은 오해를 풀기 위해 대화를 시도했다. 하지만 그들은 어린 소년 넷이 이 숲에 들어온 것을 탐탁지 않아 했고 거세게 억압했다. 그들이 공격하려는 순간, "그만 멈추어라!" 하는 인자하고 따뜻한 소년의 목소리가 들렸다.

그러자 남성들은 행동을 멈추며 두 줄로 나란히 섰다. 그들은 "폐하께서 납신다. 모두 고개를 조아려라!"라고 외쳤다.

일행은 고개를 조아렸고 도형은 왜 조아려야 하느냐며 불평하자 주변에서 눈초리를 주어 도형도 간신히 고개를 조아렸다.

"먼 이방인이시여! 그만 고개를 드십시오."

일행이 고개를 들자, 어떤 키가 큰 소년이 있었다. 모습을 보니 신라 시대 임금의 옷을 입고, 은빛의 흰 장발을 한 매우 아름답고 잘생긴 외모에 붉고 보석 같은 눈, 기품 있고 예의 바른 자태의 키 큰 소년이었다. 일행은 소년의 아름다운 자태에 멍해졌지만, 다시 정신을 차리고 홍검이 말했다.

"전하, 소인들은 아버지의 행방을 찾아, 마고 여신의 도움을 받으며 이곳까지 인도받아 오게 되었습니다." 소년이 손을 내밀자, 홍검은 호랑이가 새겨진 마패를 드렸다. 그는 마패를 보고 반딧불을 귀에 댄 후, 공손하게 "이곳까지 오시는데 고생 많으셨습니다. 따라오십시오."라며 손짓을 하자 문이 닫히며 남성들이 일행을 호위하고 그를 따라갔다.

일행은 놀라움을 감추지 못했다.

불빛으로 감싸인 곳에는 벽돌 바위에 쌓여 감추어진 커다란 왕국이 보었다. 그곳은 붉은 귀화(도깨비불)가 공중으로 떠올라 하늘을 밝히고, 끝이 보이지 않는 영토와 수많은 기와집, 그리고 한 가운데 세워진 높고 큰 궁궐이 금빛으로 휘감겨 있었다. 일행은 어느 마을을 지나가고 있었는데 사람이라고 하기엔 애매한 형태를 한 백성들이 지내고 있었다. 홍검이 물었다.

"전하 이 마을 주민들은 정체가 무엇이옵니까?"

"이들은 모두 각기 다른 천인족들입니다. 서로를 지지하며 살아가는 족들이지요."

궁궐로 들어서자, 붉고 크고 높은 여러 개의 기둥에 금빛 용(동)상이 감겨 있었다. 계속해서 걸어가자 커다란 용상의 양옆에는 황(凰)이 지키고 있었다. 소년은 천천히 용상에 앉았다.

"전 도깨비의 왕 비형랑이라 하옵니다. 백(白)의 지도자이지요. 여러분의 부친께서 흑(黑)의 두목에게 잡혀가 이곳까지 오게 된 것도 알고 있고요." 그는 모두 알고 있는 듯 말하였다.

"모든 일에 원흉인 그를 끝내기 위해서"라고 하며 다시 일어나 따라오라며 일행을 데리고 갔다.

그는 어둡고 깊은 차가운 지하로 내려가더니 아주 오래되어 보이는 장소에 도착했다. 그곳엔 하수도처럼 보이는 수도가 있고 중앙에 사신수 상과 제단이 보였다. 비형랑은 주작의 머리를 돌렸고 바닥이 계단으로 갈라졌다. 비형랑과 일행은 밑으로 내려갔다. 계단 아래쪽엔 동서남북으로 갈라진 길과 중앙으로 이어진 네 갈래의 물길이 있었다. 그 중앙에는 기린 동상이 돌 받침대에 올려져 있었는데 홍검이 물었다.

"전하, 이곳은 어디 옵니까?"

"도령들과 소저께 보여주고 싶은 게 있습니다."

비형랑이 기린 상을 누르자, 주변이 고요해지고 횃불이 규칙적으로 켜지더니 놀라운 것이 보였다. 동서남북으로 커다란 사신수(동)상이 받침대에 세워져 있었고, 그 뒤에는 커다란 각색 수정이 마름모 모양으로 각 사신수의 뒷벽 위에 박혀 있었다. 하지만 주작의 수정 말고는 빛을 잃은 듯 검게 탁색되어 있었다. 비형랑은 모든 걸 알고 있는 듯 말했다.

"저 수정은 사신수의 생명력을 보여주고 있는 것입니다. 하지만 지금은 밤하늘에 먹(물)이 떨어진 듯 찾을 수 없게 되었죠. 두억시니는 사신수의 싹을 잘라, 한반도를 지키던 수호자들이 어둠 속으로 사라지니, 아름답던 한반도는 검붉게 물들게 되어 피와 살의의 반도가 되었습니다."

결국 두억시니에 의해 사신수의 뿌리가 뽑혀 한반도의 균형이 깨졌다는 의미였다. 하지만 의문이 생겼다. 왜 이것을 우리에게 알려주는 건지….

"전하 소인들에게 알려주는 이유는 무엇이옵니까?" 라며 조심스럽게 홍검은 물었다.

"후… 그게 사실은…" 비형랑이 말하려는 순간, 갑자기 도깨비 병사가 "폐하, 지금 흑의 잔당들이 백의 서문을 침공했습니다!"라며 큰 소리로 외쳤다.

시각 새벽 삼시.

비형랑과 일행은 서둘러 나갔다. 나가 보니 서대문이 떨어져 나가 있었는데 그 공간 사이로 수많은 악귀와 들짐승들이 뛰쳐나왔다. 그중 사람 형태의 무언가가 천천히 걸어오며 지팡이로 허공을 돌리다 궁궐을 가리켰다. 비형랑은 눈치챈 듯 일행에게 따라오라며 손짓을 했다. 그들이 서둘러 내려가자, 비형랑은 일행에게 특별한 물건들을 주었다. 먼저 이도형에게는 "이것은 묘낭이라는 끝없이 넓은 주머니입니다. 그리고 이 두검은 거인도(鋸刃刀)라는 검인데, 긴 칼의 끝날이 갈고리이고, 날 면이 톱인 칼입니다."라며 주자, 도형은 신이 나서 뛰었다.

신해인에게는 소매가 길고 바닷빛인 비단옷과 검을 주며 말했다.

"이 옷은 해의(海衣)로 신물 같은 것인데, 입고 차분한 마음으로 바다의 흐름을 따라 춤을 추면 마음의 형태에 따라 바다의 힘으로 구체화됩니다. 그리고 이 검은 천해도(川海刀)라는 건데, 강물이 흐르는 것처럼 칼날이 물살이 되어 유연해지며 섬세하고 완벽하게 적을 베어버립니다. 하지만 이 검을 다루려면 고된 수련을 거쳐서 내를 깨우쳐야 다룰 수 있습니다."라며 조언을 해주었다.

그리고 박수현에게는 어떤 금색 문양이 규칙적으로 새겨졌고 가지 줄기처럼 꼬인 긴 나무 손잡이가 있는 철 도끼를 주며 말했다.

"이 도끼는 날씨를 휘두를 수 있는 천운(天雲) 도끼입니다. 적에게 사용할 시 번개를 흡수해 도끼 주변이 번개로 둘러져서 피해를 입힐 수 있고 도끼를 내리쳐 번개를 뿜을 수 있습니다."

그리고 도형과 해인, 수현에게 물과 음식을 싸주었다. 마지막으로 조용히 홍검을 뒷방으로 데리고 가서 길이가 길고 칼날에 28수 별자리가 새겨진 검을 주며 말했다.

"이 검은 사인검(四寅劍)이라 하는데 순양이 깃들어 있어. 사귀(邪鬼)를 베고 재앙을 물리칩니다. 두억시니를 죽일 수 있는 유일한 검이지요."

홍검은 검을 들고 허공에 휘둘러보았다. 홍검은 물었다.

"전하, 이 귀한 보검을 어찌하여 미천한 저에게 주십니까?"

"도령들과 소저는 보통 사람보다 몇 배나 뛰어난… 아니 다른 존재 같습니다. 그 존재가 무엇이든 흑(黑)을 무너뜨릴 수 있는 막강한 존재가 분명합니다."라며 홍검의 손을 잡는다.

"자신을 믿으세요. 자신이 무너져도 당신과 함께하는 사람들이 있으니까 항상 곁에서 지켜줄 것입니다."

그때 "쾅!!! 쿵!" 하며 무언가 무너지는 소리가 들렸다. 비형랑은 서둘러 남대문으로 일행을 피신시켰다. 음식과 물을 건네주자, 도형은 그것들을 묘낭에 넣으며 서둘러 같이 달렸다. 비형랑은 남대문을 열어, 일행을 안으로 밀어 넣었다. 짐승들이 따라오자 그는 혼자 처리하기 시작했다.

커다란 쥐법사인 일촌 법사와 대립하면서 비형랑은 "도령들과 소저를 만나서 영광이었습니다. 꼭 아버지를 되찾고 이 전쟁의 끝을 마무리 해주길 바라고 있겠습니다."라고 말하며 짐승들에게 덮쳐지는 모습을 끝으로 남대문이 닫혔다. 동시에 남대문 벽 뒤에 커다란 폭발이 일어났고, 그들은 정신없이 뛰었다.

끝없는 공포의 흑암 속

일행이 빠르게 도망갔지만 짐승들은 일행을 쫓아왔고 일행은 돌아보지 않고 앞만 보며 달렸다. 쉬지 않고 달리자, 드디어 짐승들을 따돌릴 수 있었다. 숨을 몰아쉬며 수현이 말했다.

"헥… 헥… 전하는 괜찮으시려나?"

"도깨비의 왕인 만큼 괜찮으실 거야."라며 해인이 안심시켰다.

일행이 숨을 몰아쉬며 주위를 돌아보니 스산한 안개가 낀 숲길이었다. 일단 앞으로 걸어갔다. 점점 안개가 짙어지니 일행은 더욱 서로에게 붙으며 천천히 걸어갔다. 하늘은 별들이 어둠을 집어삼킨 듯 어두운데 붉은빛의 하얀 보름달만이 꽉 차 있었다.

"철퍽!"하는 소리와 함께 끈적한 느낌과 함께 악취와 피비린내가 났다.

앞장서고 있던 수현이 조심스럽게 발을 들자 끈적하고 빨간 무언가가 있다. 내려다보니 "사… 살… 려줘…" 기어들어 가는 소리를 내며 근육과 살점이 녹아내려 골격이 보일 정도로 피해를 입고 하반신이 잘려 나간 사람이 있었다. 그는 일행을 향해 기어 오면서 도움을 요청하며 헐떡거리다 끝내 숨이 멎었다. 사체를 살펴보며 도형이 말했다.

"이 정도면 훨씬 전에 죽었어도 전혀 이상하지 않을 정도인데……."

심각하게 손상된 사람이 무언가에 목숨이 의도적으로 연장된 듯싶었다.

하반신이 잘려 나간 것을 보면 무언가에 의해 당한 흔적인 것 같았다.

도깨비의 숲

사체를 이리저리 살피다가 손에 소량의 피가 묻은 종이를 발견했다. 홍검이 종이를 펼치자 지도가 새겨져 있었는데, 그것을 보니 흑이라고 하는 섬이 표식이 되어 있었다. 홍검은 즉시 일행을 불러 지도를 함께 살펴보았다. 흑도는 서남쪽이었다. 일행이 움직이려고 하자 바로 뒤에서 짐승들의 울음소리가 들려 왔다. 일행은 전투태세를 하였다. 저 멀리서 커다란 맹수들이 날기도 하고 뛰기도 하며 나타났다. 털이 듬성듬성 나고 털이 나지 않은 곳엔 부패가 된 가죽이 있는 호랑이 세 마리와 초록색 털과 머리에 뿔이 있고, 몸에 박쥐 날개가 난 호랑이 한 마리였다.

일행은 각자 누구를 상대할지 손짓으로 신호를 보내며 전투에 돌입했다. 도형은 공중에서 뛰며 부패된 가죽을 거인도로 찢었다. 해인은 옷으로 춤을 춰보았지만 두려움이 있어서 그런가 효과는 없었다. 오히려 호랑이에게 잡아 먹힐 뻔했다. 그 순간 어디선가 날아온 도끼가 호랑이를 베었다.

한편, 같은 시각 새벽 오시.
수현은 도끼를 통제 못 하며 번개를 분출하며 이리저리 날뛰고 있었다.
"살려줘! 으아아악!!!" 하며 도끼가 나뒹굴다가 호랑이의 머리를 쩍 내리찍었다.
"하하하, 이겼다. 이겼다아아악!"
승리를 심취하던 그때 도끼가 또 폭주하며 이리저리 날뛰다가 도끼를 놓쳤는데 해인을 잡아먹으려 했던 호랑이를 그대로 찍었다.

다시 돌아가, 그 시각.

해인은 자신을 구해준 수현에게 고맙다고 말했다. 수현은 얼굴을 붉히며 쑥스러워했다.

"이봐, 너희들 사랑싸움 그만하고 이것들이나 상대하지 그래?"

"사랑싸움 아니거든!"

말하는 순간 적들을 지원 나온 또 다른 호랑이인 천모호(淺毛虎)가 있었다. 일행은 사투를 다시 시작했다.

홍검 시점. 그는 날개 달린 초록 호랑이(호구록모(虎軀錄毛))를 상대하고 있었다. 끝없는 공격에 홍검은 부상을 입었고 지쳐 있는데 호구록모는 홍검에게 질문을 했다.

"이보게, 어린 소년이여! 어째서 이 답이 정해진 결투에서 목숨을 걸고 싸우는 거지?"

"내가 목숨을 거는 이유는 탐욕이나 성취감 때문이 아니라 사랑하는 사람을 구하기 위해 내 목숨까지 걸며 싸우는 거야."라고 홍검이 외치자.

"어리석구나. 겨우 사랑에 목숨을 걸다니… 참ㅋㅋㅋ"

호구록모의 공격에 홍검은 가슴에 깊고 큰 상처를 입었다. 홍검은 저항했지만 뒤따라온 일촌 법사가 연이어 공격했고 그는 쓰러졌고 일행은 포위되었다. 홍검은 서서히 눈이 감겼다.

"일어나, 우리 아들! 일어나!"

그립고 고운 익숙한 목소리가 들렸다.

"어머니?"

홍검이 일어나 앉으니, 어머니가 앞에 앉아서 팔을 벌려 기다리고 계셨다. 홍검이 손을 내밀자, 푸른빛이 나며 사라져 버렸다. 그러곤 따뜻한 목소리가 들렸다.

"우리 아들, 넌 할 수 있어!"

어머니는 머리를 쓰담쓰담하며 사라졌다.

한편, 일촌 법사가 일행을 밧줄로 묶고 홍검을 끝내려 할 그때! 일행의 주변에서 붉은 빛이 나오며 그 전체를 감쌌다. 붉은 패기를 휘날리고 눈에는 푸른 불꽃을 뿜으며 백과 흑이 뒤섞인 호랑이가 천천히 걸어 나왔다.

"아니, 저건 흑호? 아 아닌가? 백호? 아, 아무튼 저것을 잡으라!"

일촌 법사가 명령을 내렸지만 호랑이들은 어째서인지 쩔쩔매며 굴복당하고 말았다.

일촌 법사는 홍수를 일으켰지만 홍검의 주변이 탈 정도로 뜨거워 물이 모두 메말라 버렸다. 그것을 본 천모호들은 압도감에 도망가 버렸고 호구록모가 일행을 재빨리 공격했지만 오히려 날개가 타버렸다. 뜨거운 열기에 호구록모는 결국 미라처럼 메말라 죽어버렸다. 그 모습을 보고 있던 일촌 법사는 달아났다. 홍검은 분노의 힘으로 폭주하여 일촌 법사를 뒤쫓았다. 불꽃에 밧줄이 타버려 밧줄이 느슨해진 틈을 타서 홍검은 일촌 법사에게 달려들었지만 소용이 없었다.

절망하던 그때 해인은 "내가 나서 볼게."라며 홍검을 감쌌고, 일촌 법사를 해결한 해인은 "이제 해결됐으니 그만 쉬어."라며 아름다운 노래를 불렀다. 홍검의 눈이 천천히 감기며 해인의 품에 잠들었다. 그들은 의식이 없는 홍검을 부축하고 상처들을 치료했다.

(홍검의 무의식 세계)

잠에서 깬다. 눈을 뜨니 끝없이 어두운 공허만이 보인다. 당황하며 허둥지둥할 때 어두운 목소리가 들린다.

"오거라, 어두운 범의 아이여!"

처음에는 홀린 듯 소리 나는 곳으로 갔지만 수많은 행복한 기억이 스쳐 지나가자 무언가를 깨달은 듯 저항하며 버텼다.

홍검은 가까스로 정신을 차렸다. 눈을 뜨자, 나무로 지어진 집 안과 천장이 보였다. 시끄러운 소리와 함께 도형이 놀란 듯 모두에게 홍검이 깨어났음을 알렸다. 도형은 홍검의 침낭으로 달려와 화가 난 듯이 "야, 이 자식아!! 그렇게까지 무리할 필요가 없잖아!"라며 짜증 난 표정으로 심술이 난 듯 주먹으로 홍검의 얼굴을 때렸다.

해인은 "야, 새꺄! 네 몸은 감수할 정도로 해야지."라고 울먹이며 홍검의 뺨을 때렸다.

홍검은 몸을 일으키며 미안하다고 사과했고 수현은 어디 갔는지 없었다. 해인은 수현이 그때 이후로 수련하겠다며 산으로 올라가 닷새째 돌아오지 않고 있다고 했다. 이들은 홍검을 부축하며 수현이 수련하고 있다는 산으로 올라갔다. 산 위에는 주먹으로 나무를 부러뜨리고 있는 다부진 수현의 모습이 보였다. 수현은 홍검을 보자 "홍검, 오랜만이야. 지금은 괜찮아?"라며 반가워하는 모습이었다.

그들은 다시 짐을 싸고 떠날 준비를 했다. 그들은 다시 길을 따라 천천히 갔다.

친구의 마지막

"헉헉, …. 그, 그것은 끄, 끔찍한 괴물이었습니다."
공포에 찬 듯 변명을 했다.
"겨우 꼬맹이 네 명한테 내가 준 전력을 모두 소모해 버렸다고?"
그것이 무언가에게 지시하자 "히이익!! 사, 사, 사, 살려주십시오!! 끄아악!! 끄아아아… 아…" 뇌를 찌르는 비명이 어둠 속으로 묻혔다.

일행은 천천히 길을 따라갔다. 푸릇푸릇한 풀과 나무는 어디 가고 없고, 시들고 하얗게 메마른 나무와 풀들이 주위에 널브러져 있었다. 더 나아가자 피와 뼛조각들이 주위에 흩뿌려져 있었는데 그 양이 너무 많아 충격적이었다. 길은 온통 시체와 피로 가득 차서 악취가 났고, 끝까지 가자 두 갈래로 길이 갈라져 있었다. 길 중앙엔 양팔과 다리가 뜯긴 시체와 팔 조각으로 만들어진 표지판이 있었다. 일행은 그것을 보고 헛구역질을 했고, 겁에 질렸다. 그들은 공포에 떨었지만, 그들의 목표가 서남쪽 흑해였기에 화살표 쪽으로 걸어갔다.

"여기 좀 으스스하지 않아?"

수현이 말하자 홍검이 "그러게, 좀 섬뜩하네."라며 긴장했다. 도형은 "으아아하하!! 이런 분위기 좋아. 나타날 거면 나타나 봐라. 다 썰어 주지."라며 으스스한 분위기를 이겨보려고 괜히 오버하는 듯 보였다.

바로 그때 저쪽에서 무언가가 지나가는 모습이 보였다. 자세히 보니 사람 형태인 것 같아 수현이 도움을 요청하러 뛰어가려고 하자 홍검이 손목을 잡고 눈빛으로 신호를 보냈다. 그것의 정체를 알아챈 일행들은 무기를 집어 들었다. 그것은 점점 여럿 나타나더니 천천히 일행을 향해 걸어왔다.

그것의 모습은 겉은 사람인데 군데군데 썩어 문드러져 있고, 머리카락과 손톱은 길었으며, 뼈는 부러져 있거나 꺾여 있는 등 신체가 훼손되어 있었다. 그것들은 일행을 확인하자 천천히 다가갔다. 그때! 그것들은 몸을 꺾으며 일행에게 달려들었다. 일행은 전투태세를 갖추며 싸웠다. 그것들은 어떠한 공격에도 물러서지 않으며 쓰러져도 다시 일어났는데 의문인 것은 큰 부상을 입히지 않고 전투 불능 상태가 될 정도로만 공격을 하고 죽이기보단 납치하려는 행동을 보인다는 것이다.

일행은 그것을 알아차리고 나무의 덩굴을 이용해서 그것들을 묶었다. 상황이 일단락되자 묶인 그것들을 살펴보았는데 머리에 어떠한 구멍들이 있었다. 일행은 대수롭지 않게 넘겼지만 수현은 이상하게 생각하고 머릿속을 자세히 들여다보았다. 수현이 일행에게 알려, 뾰족한 나무 막대기로 구멍 안에 있는 것을 꺼내 보았다. 거머리 같은 생물에 여러 개의 다리가 달린 충격적인 모습이었다. 그것들을 꺼내서 모두 모아 불태우자 그것들의 눈동자가 돌아오며 사람처럼 말하기 시작하는 것이나. 그중 매우 앙상한 노인이 말을 걸었다.

"안녕하신가? 우리는 죽은 자, 즉 돌출귀라 하네. 우리들은 한 도깨비에게 정신을 지배당해 원치 않는 공격을 하게 되었네. 미안하오. 허허허."라며 사과를 했다.

그 순간! 수많은 나무줄기가 돌출귀들을 찌르며 "쓸모 없는 녀석들…." 심장이 '쿵'하고 떨어질 만큼 위압적인 목소리가 들렸다.

돌출귀들은 몸을 덜덜 떨더니 앙상하게 말라 비틀어질 정도로 정기가 빨리며 쓰러졌다. 일행은 본능적인 공포에 휩싸여 그 자리에서 도망쳤다. 일행 뒤로 나무 촉수들이 그들을 집어삼키기 위해 쫓아왔다.

일행은 숨이 뒤로 넘어갈 만큼 뛰고 또 뛰었다. 도저히 뛰지 못하겠다 싶을 정도가 되어 뒤를 돌아보니 촉수들은 온데간데없이 사라진 뒤였다. 일행은 지친 피로감에 넓은 죽은 나무 속에서 잠을 청했다. 모두 곯아떨어졌고 새벽녘에 수현은 이상한 소리에 눈을 떴다.

"수현아, 수현아, 일어나."

수현은 홀린 듯 수풀 앞에 섰다. 바로 어머니가 부르는 소리였다. 그 소리에 의문을 품지 않고 다가가자 '덥석!' 무언가가 끌어내었다.

놀란 마음에 뒤돌아보니 다름 아닌 홍검과 일행이었다. 일행은 수현을 붙잡고 빠르게 달렸다. 그 뒤엔 커다란 흰 범이 쫓아오고 있었다. 그 범은 매우 얇고 고운 흰 털고 덮여 있고, 사람의 얼굴에 검붉은 피부와 입가엔 붉은 피가 있었고 촘촘하고 날카로운 이빨을 가진 커다란 범이었다.

그것은 빠르게 쫓아왔고 속도가 매우 빨랐다. 일행이 계속해서 달리자, 바다 낭떠러지가 있는 절벽에 도달했다. 일행은 혼란에 빠졌다. 범은 여러 개의 기괴한 발성으로 웃어 댔다. 그러자 도형은 생각에 잠기더니 칼을 뽑았다. 도형은 범에게 달려들며 칼로 범을 막아내며 말했다.

"야, 내가 막을 테니 그냥 어서 빨리 뛰어들어!"

"너 버리고 못 가."

홍검이 고집을 피웠다.

"잔말 말고 가! 여긴 내가 막고 있을 테니까."

도형은 짜증 섞인 말로 말했다.

도형은 수현에게 자신의 묘낭을 던져 주며 말했다.

"야, 이봐, 홍검! 우리 꼭 살아서 서남해에서 만나는 거다?"

도형은 웃으며 말하면서 눈빛으로 어떠한 신호를 보냈고, 수현은 알겠다는 듯 해인과 홍검을 잡고 뛰어내렸다. 그 사이 범의 발톱에 방상시 탈이 깨지며 처음 보는 도형의 얼굴에 웃음이 번졌다. 동시에 커다란 나무줄기들이 도형을 덮쳤다.

홍검은 "아, 안돼. 도형아!"라고 소리쳤지만 높은 절벽에서 차갑고 깊은 바닷속으로 '풍덩'하고 빠졌다.

파란 물속에서 해인이 "정신 차려! 홍검아 정신차려!"라며 홍검을 불렀지만 홍검은 정신이 오묘해지고 있었다.

"일어나! 일어나! 일어나! 홍검아! 홍검아!"
말소리가 희미해지고 천천히 눈이 감겼다.

바다의 이야기

홍검은 물을 토해 내며 정신이 들었다. 정신이 든 홍검을 보고 일행은 걱정했다며 짜증 섞인 말투로 말했다. 홍검이 주위를 둘러보자, 넓은 바다에 크고 작은 섬들이 있었다. 홍검은 도형을 매우 걱정했다.

그때 무언가 소리가 들리자, 일행은 재빠르게 바위 뒤로 몸을 숨겼다.

"우하하하하. 조센징 놈들. 땅에 이 귀한 신지께가 있다니 데스?"

"그렇다. 겔겔겔겔"

일생이 자세히 살펴보니 일제의 도깨비인 오니가 잡은 그물 안에 하반신은 물고기이고 상반신은 매우 아름다운 여성이 걸려 있었다. 그것을 본 수현과 홍검은 이를 깨물며 보고만 있을 뿐이었는데, 옆에서 뜨거운 느낌이 났다. 옆을 보니 해인이 불같이 화를 내며 "이 자식들!!"이라며 오니들 중 한 명의 얼굴을 향해 주먹을 시원하게 날려 버렸다.

그것을 본 수현과 홍검은 얼어붙었고 너무 갑자기 생긴 일이라 옆에 있던 오니도 어안이 벙벙해졌다. 정신을 차린 홍검과 수현은 나머지 오니도 제압했다. 일행은 즉시 그물에 걸린 신지께를 풀어주었고 오니에게 물었다.

"너희 오니들은 왜 신지께를 잡아들였지?"

"사실……."

오니가 대답하려고 하자 다른 오니가 말을 가로채며 "말하면 안 되잖아!" 라며 말을 끊었다. 크게 분노한 해인을 본 오니들은 놀라서 결국 말했다.

"우리 오니들은 일제와 조선이 융합하면서 국경이 이어졌고 두억시니가 우리 오니들 말고 다른 요괴들도 지배 중이다. 두억시니상은 불멸을 얻기 위해 신지께를 잡고 있다."

일행은 공격성이 높은 오니를 고려해 그대로 놔두었다. 신지께가 말했다.

"저를 구해주셔서 감사하옵니다. 저는 수여라고 합니다. 답례로 저희 용궁을 구경하게 해드리겠습니다."

일행은 누군가의 힘이 필요했기에 수여의 초대를 수락했고, 수여는 일행들을 데리고 바닷속으로 들어갔다. 물속으로 들어가자, 해인과 수여는 공기 방울을 만들어 수현과 홍검을 감싸 주었다. 더욱 깊숙이 들어가자, 현무 바위 동상과 암석으로 이루어진 커다란 원 발판이 있었다. 수여가 노래를 부르니 발판이 반으로 열리며 그 안으로 들어가게 되었다. 원 안으로 들어가자 놀라운 것이 보였다. 커다란 반원의 보호막이 있고, 그 안에는 커다란 용궁과 마을들이 보였고 그 주위엔 여러 바다 종족들이 살고 있었다. 더욱 놀란 것은 보호막 주위에 커다란 뱀 같은 무언가의 유해가 둘러져 있었다. 일행과 수여는 헤엄을 쳐서 왕국 안으로 들어갔다.

왕국은 매우 아름답고 멋진 모습이었다. 보호막 안으로 들어가자 공기 방울 없이도 숨을 쉴 수 있었다. 놀라움도 잠시 "웬 놈이냐!" 왕국의 병사들이 일행을 둘러쌌다.

그들은 일행이 인간인 것을 보고 적대심을 품었다. 수여가 병사들을 가로막고 설명했지만 병사들은 일행이 수여에게 최면을 걸었다고 생각하며 더욱 경계했다.

그때 왕국의 왕인 용왕이 나타났다. 병사들이 고개를 숙이자 일행도 따라서 고개를 숙였다. 용왕은 해인을 유심히 보며 일행을 데리고 갔다. 병사들은 수현과 홍검의 손목에 사슬을 묶고 함께 동행했다. 왕국 주위에는 여러 다양한 바다 수인족들이 살고 있었다. 집들은 기와집으로 이루어져 있었다. 계단을 올라가자 커다란 대문과 양옆에는 용 석상이 있었다. 앞에서 병사 한 명이 "폐하가 오셨다. 문을 여시오!"라고 외치자 '쿵'하는 소리가 들리며 대문이 '쩌억' 열렸다.

대문이 열리자 그들과 일행은 안으로 들어갔다. 그 안은 하얀 벽과 금색 무늬의 궁 내부가 있었다. 내부는 매우 아름다웠고 앞으로 걸어가니 푸른색의 용상이 있었다. 용왕은 용상에 앉으며 병사와 이야기한 후 지금까지 느껴보지 않는 엄청난 압도감으로 일행을 굴복시켰다. 용왕은

"안녕하신가? 먼 이방인이여! 짐은 이 용궁의 황제 '수룡'이라 하네. 어찌하여 이곳까지 온 것인가?"

홍검이 답했다.

"소인은 홍검이며 저 소저는 해인, 저 도령은 수현이 옵니다. 폐하, 저희는 폐하의 도움이 필요하여 왔습니다."라며 공손한 태도로 도움을 요청했다.

"짐의 도움이라… 일단 알겠네. 우리 딸을 구해주어서 감사하고 있다네."

용왕이 감사하자 일행은 그 공주가 누군지 잠시 생각하다가 누군지 떠올랐다.

"시장할 텐데 상을 준비하겠으니 병사를 따라 사랑방으로 가게나. 아! 그리고 소저는 따라오게나."라며 해인만 따로 데리고 갔다.

"이쪽입니다."

병사는 일행을 방으로 안내했다.

"우아 정말 멋진데?"

홍검과 수현은 마침내 휴식을 취할 수 있었다.

한편. "우와! 이거 입어 봐도 돼요?"

"당연하죠. 입고 싶으신 옷은 마음껏 입어도 됩니다."

궁녀는 해인에게 웃으며 말했다. 그때 수여가 들어오며 말했다.

"어머, 예쁘다. 꼭 선녀 같아!"

수여가 칭찬하자.

"감사합니다, 공주님."

"아니야. 공주님이라니! 그냥 수여라고 불러."

수여와 해인은 오랜만에 해맑게 웃으며 수다를 떨었다.

그때 궁녀가 "낮것상 드실 시간입니다."라며 수라상을 차렸다. 매일 육포나 깻잎, 젓갈, 장조림만 먹어와서 그런지 수라상은 신의 음식처럼 보였다. 해인은 사흘 동안 굶었기에 정신없이 수라상의 음식을 남기지 않고 깨끗하게 다 비웠다. 허기를 달랜 해인은 폐하의 부름에 나아갔다.

폐하는 수여와 해인 말고는 침실에 들어오지 말라고 했다. 그리고 충격적인 말을 했다.

"아주 오래전 하늘에서 나와 두 형과 내 아우들이 태어났다. 우리는 하늘에 계시는 아버지, 어머니의 뜻을 따라 지옥의 왕 사단이 만든 행성의옥을 감시하고 균형을 잡기 위해 행성으로 내려갔지. 그곳에서 형은 천상과 빛을, 나는 바다와 물을 지배했고 또 다른 형은 대지와 지혜(또는 겨울)를 지배했어. 아우들 중 한 명은 기후와 생명을, 또 다른 한 명은 불꽃과 활기를, 또 다른 한 명은 지하와 죽음을, 마지막 아우는 어둠과 악을 지배했어. 그리고 세월이 지나 나는 대지와 혼인했고 형 중 대지와 지혜의 신인 현무와 선녀가 혼인했는데 둘 사이에서 흰 백발의 장발을 한 어리숙한 소녀가 태어났어. 선녀는 하늘의 명을 따르지 않았기 때문에 아이와 함께 쫓겨 내려와 땅에서 지내게 되었다. 형은 사단의 간부 중 하나에게 죽게 되었고 이어서 선녀는 불치병에 걸리고 말았단다. 자기 대신 아이를 키울 사람을 찾다가 어떤 젊은 가정에 입양되어 키워졌는데 그 아이가 바로 너구나."라며 해인을 가리켰다.

해인은 혼란스러워하며 물었다.

"하지만 폐하, 소저에게는 아버지와 어머니, 그리고 동생이 한 명 있습니다."

"사악한 흑룡에 의해 너의 부모가 죽자, 그들이 너를 입양한 거란다."

해인은 털썩 주저앉으며 울음을 터뜨렸다. 용왕이 손을 대자 해인은 손을 뿌리치며

"만지지 마세요! 혼자 있고 싶어요."라고 말하고 간신히 울음을 참으며

문을 열고 자리를 박차며 나갔다. 용왕은 예상했다는 듯 한숨을 쉬었다. 해인은 방에서 혼자 울고 있다. 수여가 조심스럽게 다가가 옆에 앉았다.

"저리 가! 나 혼자 있고 싶어."

해인은 울먹였다.

수여는 조심스럽게 해인을 감싸며 위로해 주었고 아름다운 목소리로 노래를 부르자 해인은 마음이 진정된 듯 그녀의 품에서 잠들었다. 해인이 눈을 뜨자 수여가 흥얼거리며 옆에 앉아 있었다. 눈을 비비며 일어난 해인을 수여가 반겨 주었다. 폐하가 기다리신다며 해인의 머리를 정돈해 주고 같이 폐하를 뵙기 위해 나아갔다. 다시 폐하를 뵌 해인은 방금 전 일을 사과하였고, 조금 지나자 홍검과 수현도 왔다. 용왕은 천천히 수여와 일행들을 데리고 왕국 밖으로 나갔다.

그리고 그들은 어둡고 깊은 해저로 들어갔다.

잊혀진 이야기

방어막을 통과하여 칠흑같이 어두운 해저 밑바닥으로 가니 수많은 무언가의 유해들이 바닥에 널브러져 있었다. 계속해서 나아가자 커다란 신전이 보였다. 신전 안으로 들어가자 복도와 양옆으로 신전의 창시자들의 석상이 세워져 있었다. 복도를 지나자 커다란 중앙 복도에 다양한 바다 생물의 유해들이 전시되어 있었다. 위로 헤엄쳐 올라가니 놀라운 것이 보였다. 커다란 현무의 석상이었다. 용왕은 이야기를 하나 들려주었다.

"이것은 하늘의 비밀이니 감추었던 이야기를 할 필요가 있겠구나. 아주 먼 옛날 하늘에선 역모가 일어났는데 결국 역모는 실패로 돌아갔고 그들은 추방낭했단다. 추방한 별에서 그들이 다시 같은 일을 저지르지 않기 위해서, 또 세상의 균형을 위해서 하늘 아버지와 하늘 어머니는 율법을 정해 주셨단다. 그 율법은 세상과 조화를 이루며 세상의 화평을 이루라는 거였어. 하지만 악한 무리들은 율법을 파하였다. 그래서 하느님은 그들의 별에서 최후의 심판날까지의 삶을 위해 세상을 수호하고 감시하며 심판하는 네 명의 수호자를 배치했다. 하늘 수호자들은 사계절을 수호하며 세상은 생명이 가득한 별이 되었단다."

하지만 의문이 하나 남았다. 어떻게 평화로운 세상이 지금과 같은 피와 전쟁을 갈구하는 세상이 된 건지? 홍검은 용왕을 설득하며 진심으로 마음을 열자, 용왕은 한숨을 내쉬고 결심한 듯 다시 입을 열었다. 그리고 이 흑막의 진실에 한 발짝 더 다가갈 수 있었다.

용왕은 마법으로 이야기를 실체화시키며 설명했다.

"태초에 어머니가 낳은 천사들 중 누구보다 뛰어났던 계명성이란 신이 있었다. 이 신은 너무도 아름답고 완벽하여 자신이 세상의 가장 훌륭한 자가 되어야 한다고 생각했어. 종래에는 자신이 우주의 지배자가 되어야 한다고 생각했지. 탐욕과 욕망에 눈이 멀었던 그는 결국 하늘의 왕자와 공주들을 꼬드겨 하늘 아버이를 몰아내고 우주의 신이 되기 위해 자신의 추종자들로 만들어 자신을 따르는 수하들과 천상의 대전쟁을 벌였다. 하지만 그들은 하늘 어머니와 하늘 아버지이신 천제와 천후에게 처참

하게 지고 굴복했단다. 천후이신 하늘 어머니는 계명성에게 속아 넘어가 그의 추종자가 된 너무나 귀했던 하늘 왕자와 공주들을 딱하게 여겨 신의 힘을 모두 빼앗고 기억을 지운 채 인간이 되어 죽음에 물든 인생을 살아가는 형벌을 주었단다. 단 계명성의 간부들은 지옥으로 내쫓아 냈지. 그를 따라 죄를 지은 하늘 왕자와 공주들의 계명성은 자신의 악행을 전부 하늘 왕자와 공주들에게 죄를 돌려 처벌을 받지 않았단다.

그리고 추방된 왕자와 공주들은 음 아니… 지금부턴 '그들'이라고 하겠네. 그들은 생존을 하기 위해 삶을 살며 앞으로 최후의 심판이 있는 것을 모른 채 살아갈 거라네. 음… 아…아무튼… 어머니는 그들이 살아갈 수 있게 지구를 창조하시고 살아갈 수 있는 삶의 환경을 위해 네 명의 수호자를 배치해서 생명의 순환이 돌 수 있는 자연을 만들었어. 이 지구의 주인은 계명성이야. 그래서 지구는 악한 자들이 많아진 거라네.

어둑시니는 지구로 내려온 계명성에 의해 탄생하였지. 그는 자신을 이 변방의 작은 땅 지구로 쫓아낸 하늘 어머니와 자신이 데리고 왔지만 구원받아 하늘로 돌아갈지도 모를 하늘 자녀들에게 복수하기 위해 고민하던 중 아주 좋은 묘책을 생각해 냈지. 바로 악의로 똘똘 뭉친 작은 요괴 두억시니에게 신위(神位)를 주어 악한 자들을 많이 만들어 그들이 구원받지 못하게 하면 되겠구나 하는 사악한 묘책이었어. 수많은 악행과 악의를 이 작은 요괴가 흡수하면서 그는 점점 커다랗게 몸을 부풀렸어. 요괴가 점점 커져서 신급의 요괴로 재탄생할 만큼 사람들의 마음엔 나쁜 생각으로 가득 차 있지.

두억시니는 자신이 만들어진 경위에 대해 매우 잘 이해하고 있어. 그는 자신을 만들어 준 주인을 위해 악한 기운을 퍼트리고 악한 기운을 가진 사람들의 머리를 으깨어 잡아먹기 위해 더욱더 악한 자들을 많이 만들고 있다네. 하지만 계명성과 두억시니가 싫어하는 것이 있어. 그것은 선하고 착한 마음을 가진 사람들이라네. 이 마음은 하늘의 것이니 땅의 어둠이 간섭할 수가 없지. 선한 마음을 망가뜨리기 위해 사단은 악한 자들을 착한 자들 옆에 배치하여 그 마음에 어둠이 깃들게 하기 위해 노력하지. 하지만 하늘의 마음을 가진 자들은 신념이 강하여 죽을지언정 그 마음을 꺾지 않는다네. 자네들이 사는 세상에 독립운동하는 자들이 있지 않은가. 또 남을 위하여 베풀고 사랑하고 배려하며 사는 자들은 하늘의 마음을 간직한 자들이라네. 그들만이 어둠을 물러가게 하고 하늘에 갈 자격을 얻는다네."

용왕은 이야기를 통해 일행의 사기를 높여 주었다. 용왕은 해인에게 뜻밖의 말을 하였다.

"해인아, 너는 나의 형의 힘, 너의 아버지의 힘을 받아 다른 신지께보다 더 뛰어난 아니… 나보다 더 큰 힘이 있단다. 그러니 자신을 부정하지 않고 믿으렴. 그리고 평온해지고 바다의 흐름에 몸을 맡기렴."

이때, "쿵! 쿠웅"하며 무언가가 무너지는 소리가 들렸다. 그들은 황급히 용궁으로 돌아갔다. 용궁 안에는 병사들이 분주히 움직이고 있었고 용궁의 백성들이 빠르게 피신하고 있었다. 위를 보니 용궁 석문에서 '쿵! 쿵!' 거리는 소리가 들렸다. 용궁의 군단장은 문이 곧 무너질 것을 알기에 문이 무너지기 전에 석문을 열었다. 그러자 용궁으로 수많은 무언가들이 빠르게 내려왔다. 그것들을 보자 일생은 놀라움을 감출 수 없었다.

그것들의 모습은 이미 썩어 유해밖에 남지 않았거나 썩어 문드러져 시체의 모습인 것들도 있었다. 그것들의 동공에는 흰빛의 눈동자만이 있었다. 이미 이 별에서 사라진 것들도 있었다. 그중 가장 큰 놈 위에 지팡이를 든 누군가가 타고 있었는데, 그는 용궁을 향해 지팡이로 가리키고 있었다.

빠른 속도로 돌진하는 그것들을 막기 위해 병사들은 그들을 향해 나아갔다. 격돌하는 순간! 소수의 유해들은 병사의 힘에 의해 무너졌고 그 유해는 바닥으로 나뒹굴었다. 하지만 지팡이를 든 자가 웃으며 지팡이를 허공에 흔들자 유해들은 다시 재조립되어 다시금 격돌했다. 전투가 계속되자 결국 병사들은 무릎을 꿇었다. 병사들은 후퇴했고 용궁은 혼란에 빠졌다. 용왕도 나서려 했지만 너무나도 노쇠해 절망에 빠질 때쯤 홍검이 나섰다.

홍검과 그것들은 대립했고 순조롭게 싸워 나갔다. 그렇지만 무한히 부활하는 그것들과 싸우는 것이 한계가 있어 지쳐갔다. 수헌도 저번 싸움으로 깨달음이 있었기에 함께 싸워 나갔다. 그러자 대장 같은 사령술사가 직접 나섰다. 그때 갑자기 홍검이 극심한 두통과 잊혀진 기억들이 주마등처럼 스쳐 지나가면서 괴로워했다.

"으아악! 뭐지… 이건… 무슨 기억이지?!"

그는 손으로 머리를 부여잡고 괴로워했다.

해인도 저번 전투 때의 트라우마로 나서지 못했다.

"나서고 싶은데 발이 안 떨어져…….."

수현 또한 머릿속에 스쳐 가는 기억들로 괴로워했다.

"괜찮아, 할 수 있어!", "너 잘못 아니야", "구해줘서 고마워."

일생에 힘을 주는 기억들이 되살아났다. 사령술사는 다가가 웃으며 홍검을 향해 손을 뻗었다. 바로 그때, 수현이 재빠르게 법사의 팔을 잡고 바닥에 던졌다. 사령술사는 빠르게 착지했다. 수현은 걸어오며

"무엇이 그렇게 재밌느냐? 생명을 무엇이라고 생각하는 거지?"하고 차갑고 진지한 목소리로 물었다. 수현의 머리에서 사슴뿔이 돋아나고 연기가 휘감기며 푸른 비늘이 몸 곳곳에 생겼다. 길고 푸른 꼬리가 생기고 머리 색이 푸른색이 되고 눈은 구멍처럼 시커멓고 푸른 안광이 내비치는 모습이 되었다. 수현이 패기 있게 사령술사를 누르며 다가가자, 사령술사는 겁에 질려 자신의 망령들을 이끌고 후퇴했다. 수현은 원래 모습으로 돌아와 정신을 잃고 쓰러졌다.

"여긴 어디지?"

수현이 주위를 살펴보자.

"어디긴 어디야? 이승과 저승의 중간계지."

대답하는 소리가 들렸다. 위를 바라보니 커다란 용 여럿이 수현을 내려다보고 있었다.

"누…누…구신가요?"

가장 크고 수염이 많은 용이 내려와 말했다.

"우리는 너의 조상신이란다."

"전 죽은 것입니까?"

"아니야. 너는 우리 모두의 힘이 흐르는 몸에 잠들어 있다. 방금 전에 너의 잠재력이 개방되고 너의 몸이 이 힘을 감당하지 못하니 죽지도 않고 살지도 않은 채 의식을 잃은 것이니……."

"저는 영영 깨어날 수 없는 것입니까?"

"아니, 그건 아니야. 우리의 목적은 너가 우리의 힘을 받아들일 수 있는 적절한 그릇이 되도록 만드는 것이야. 그렇게 된다면 깨어날 수 있단다. 호응하겠나?"

조상신들의 힘을 받아들이지 못한다면 수현의 육체가 버티지 못하고 정신까지 소멸할 수 있는 위험한 제안이었다. 하지만 선택의 여지가 없던 수현은 "네 하겠사옵니다."라며 수락하였다.

"헉헉헉… 여긴 어디지?"

주위를 둘러보니 침실로 보이는 방에 자신이 누워있고 간호하다가 잠든 수여가 옆에 누워 있다. 에? 수현은 옆에 잠든 수여를 보고 깜짝 놀랐다.

"흠야…흠. 음? 깨셨어요?"

수현이 주위를 살펴보다가 거울을 발견하니 벼락같은 화상 자국이 나 있었다.

"홍검과 해인은 어디 갔나요?"

"그 사건 이후로 몸을 단련하기 위해 수행 중이세요."

수여가 말을 이었다.

"도령께서는 열흘 째 잠들어 계셨습니다."

수현은 놀랐다. 놀라움을 뒤로 하고 수현은 일행을 만나러 갔다. 해인은 마음의 안정과 침착을 얻고, 용기를 기르기 위해 상어와 위험한 생물들이 사는 중앙에서 눈을 감고 천천히 평화의 춤을 추고 있었다. 어떠한 것에도 평정심을 잃지 않던 해인이 수현을 보자 수현을 안으며 반가워했다. 해인은 그동안의 수행으로 자신을 잘 통제하게 되었고, 바다의 생물들과 친밀해져 있었다.

한편 홍검은 수현이 분노하고 쓰러질 때까지 자신은 아무것도 하지 못했다는 죄책감에 빠져 뜨겁고 고통스러운 바다의 화산 분화구 꼭대기 안에서 명상하고 있었다. 수현과 해인과 수여는 화산의 열기가 너무 뜨거워, 멀리서 "내가 왔어!"라고 외쳤다. 그러자 분화구가 '부글부글' 끓더니, 누군가가 뛰어오르며 분화구 앞에 착지했다. 모습을 보니 간신히 걸치고 있는 옷은 다 찢어지고 타버리고, 가슴에 큰 상처가 나 있고, 양손과 팔에 심한 화상을 입고, 이마에 불꽃 같은 화상과 빛나는 붉은 눈을 가진 홍검이었다. 그는 눈물을 흘리며 무릎을 꿇었다. 수현은 홍검을 안아주며 같이 눈물을 흘렸다.

이후, 일행은 다시 전쟁의 끝을 내기 위해, 그리고 도형을 구하기 위해 짐을 쌌다. 용왕은 홍검에게 불에 타지 않는 옷을 주고, 해인의 해의를 더욱 단단하게 수선해 주었다. 일생은 백성들의 찬사를 받으며 석문을 지나 밖으로 나왔다.

해인은 홍검에게 공기 방울을 생성해 주고 수면을 향해 올라갔다. 순간 무언가가 일행의 다리를 잡고 끌어 내렸다. 그것은 수많은 촉수들을 가지고 있었다. 수현은 예전의 수현이 아니었기에 강력한 힘으로 촉수를 풀었다. 홍검은 열기로 촉수를 태워 버렸고, 해인은 천해도로 촉수를 토막 냈다. 촉수들은 금방 다시 돋아났고 그 순환을 반복했다. 순환이 세 번 정도 지속될 때쯤 홍검이 꺼지지 않는 불길로 해인이 토막 낸 촉수를 지지자 촉수는 더 이상 돋아나지 않았다.

"해인아! 저 녀석 잘린 단면을 불로 지지니까 촉수가 더 이상 돋아나지 않아!"

해인은 알겠다는 듯 고개를 끄덕이고는 얇고 부드러운 비단으로 춤추는 것 같이 바닷속에서 촉수들을 잘라내었다. 홍검은 해인에게 맞춰 촉수들의 잘린 단면을 불로 지지니 갈고리 같은 빨판의 두 촉수를 가진 본체가 나타났다. 문어의 몸통과 몸이 있어야 할 곳에 도마뱀 상반신이 있는 괴물이었다. 해인이 천해도를 휘두르자 괴물은 '털썩' 쓰러졌다. 홍검이 확인해 보니 숨을 거둔 상태였다. 하반신과 상반신이 의도적으로 이어진 듯 철근으로 이어져 있는 이상한 형태의 모습이었다. 일행은 수면 위로 올라와 흑암의 하늘로 뒤덮혀져 있는 지형을 보았다.

의리의 약속

서남 육지의 눈 덮인 산속.

"헉헉헉… 내가 말할 것 같아?"

"닥쳐라! 조센징!"

오니가 뜨겁게 달군 쇠막대기로 도형을 고문한다.

"끄아악! 헉헉헉" 도형은 비명을 지르며 괴로워했다.

"저기 규키상, 아무리 지져도 말안합네다데스."

"그럼 바깥 얼음 강 안에 묶어 놓고 나흘 동안 내버려둬라데스."

도형은 더욱 모진 고문을 받았다. 도형은 꽁꽁 언 강의 얼음을 둥글게 잘라 그 속에서 쇠사슬에 묶인 채 얼굴만 내놓고 차가운 얼음물에 고문을 당했다. 하루, 이틀, 사흘, 나흘… 시간은 천천히 흘러간다. 나흘째 되던 날 차갑게 얼어붙은 도형이 보였다. 그들은 도형을 수레에 태워 끌고 올라갔다. 조심스레 바닥에 내려놓고 살펴보니 죽은 듯이 보였다. 매장하려는 그때 도형이 눈을 뜨며 몸을 털고 일어났다. 오니의 단장 규키는 도형에게 속았다고 생각해 도형이 가장 애지중지하던 마패를 부수기로 했다. 규키가 사슬로 도형을 묶자

"어이, 초록 대머리! 이번에는 무슨 속셈이지?"

"끝까지 건방질 수 있을까?" 규키는 도형의 마패를 꺼내 들었다.

"그 마패는……."

8년 전.

"애들아, 이건 우리 의리의 증표야."

"그게 뭔데?"

"우리 우정의 증표인데 우리의 우정을 이어주는 것… 같은 거지!"

(다시 돌아와서)

'우드득' 마패가 부서지며 천천히 조각들이 떨어졌다.

"!!!!" 도형은 놀란다.

"하하하하하하! 너의 절망적인 모습을 보니 아주 재밌어!"

'탕' 마지막 조각들이 떨어졌다. 도형은 차가운 눈으로 부서진 마패 조각들을 보았다. '우지끈' 이를 꽉 깨무니 몸에 비늘과 깃털이 돋아나고 머리에 뿔이 자라났다. 도형은 사슬을 부수고 규키의 얼굴에 주먹을 날렸다. 규키는 멀리 날아가 나무에 부딪히며 쓰러졌다. 도형은 칼을 줍고 이성의 끈을 놓고 그에게 달려오는 수많은 오니들을 무참히 죽이며 바닷가를 향해 나아갔다. 결국 포위당했을 때 도형은 절벽으로 뛰어들었다.

정신을 차려보니 어느 작은 섬에 밀려 와 있었다. 도형은 섬을 둘러보며 도움이 될 만한 것들을 찾아다녔다. 시간이 좀 지나자 허기가 나서 먹을 것을 찾아 주위를 둘러보았다. 도형은 수풀 사이에 열매가 있는 것을 확인하고 수풀 사이로 들어갔다.

흑막을 향한 결전

일행은 배를 제작하기 위해 해변가에 정착했다. 그때 수풀에서 부스럭대는 소리가 나서 무기를 들고 수풀을 들어내었다. 그러자 다름 아닌 도형이가 열매를 먹고 있는 것이 아닌가! 일행은 도형과 반가움의 포옹을 나누었고 도형은 목욕을 하고 새 옷으로 갈아입었다. 다시 뭉친 일행은 전보다 몇 배 더 뛰어난 힘을 바탕으로 배를 설계했다. 일행은 혹을 향해 출항했다.

한편.
"포로를 놓쳤다고?"
"아…아니…그게 고문하는 과정에서 녀석이 탈출했사옵니다."
"탈출이라……."
오니의 대장은 상을 손가락으로 툭툭 쳤다. 무언가 결심한 듯 그는 규키를 제외하고 모두를 일으켜 세웠다. 그러곤 규키를 줄기로 묶고 절벽 위로 올라가 입을 열었다.
"그게 변명이라고 하는 건가? 들어 주지를 못하겠군. 너의 오만함 때문에 스스로 어둠 속으로 사라질 것이다."
대장이 뼈 나팔을 불자 땅이 흔들리고 바닷속에서 커다란 물체가 모습을 드러냈다.
"저…저. 건 뭐야 아…아니야 아니야! 살려줘! 살려줘! 으아악!"
그것은 규키를 어둠 속으로 삼켜 버렸다.

다시 일행 편.
항해할수록 더 짙은 안개가 드리워졌다.
수현은 "안개가 심해서 무턱대고 앞으로 나아갈 수 없겠는 걸." 해인은 "잘못하다간 암초에 부딪힐 수 있겠어."

그러던 중, 짙은 안개를 뚫고 커다란 암초 같은 것이 나타났다. 그 근처는 매우 더웠고 상체를 벗어야 할 정도로 매우 뜨거웠다. 그것은 검고 광택이 나는 커다란 두 갈래의 용암 절벽이었다. 재질을 보니 흑요석과 현무암 등의 화산암으로 이루어져 있었고 물속을 관찰해보니 수많은 해저 화산이 있었다. 그 많은 화산들 중 가장 큰 화산이 일행이 있는 용암 절벽이었다.

도형은 "야! 저기 봐 봐!" 하며 무언가를 찾은 듯 절벽 양쪽의 벽을 가리켰다.

그곳엔 흑요석으로 이루어진 커다란 석상이 서 있었다. 석상은 약 60척의 큰 키에 날카롭고 큰 흑요석의 환도를 차고 갑옷을 입고 있었다. 머리는 화산 봉우리 같은 형태에 중간에서 약간 위에 눈 같은 것이 뚫려 있었다. 그리고 온몸에 규칙적인 금이 나 있었다.

일행은 불길한 느낌을 느꼈다. 용암이 찬 절벽 꼭대기에 오르자 커다란 섬이 검은 구름이 휘감겨져 있었다. 일행은 그곳이 흑의 중심이라는 것을 알아차리고 두 절벽 사이로 배를 출항했다.

그때 "어리석은 어린 그대들이여! 지금 돌아간다면 목숨을 부지할 수 있느니라. 이만 포기하고 돌아가거라."

누군가의 목소리가 울려 퍼졌다. 일행은 수많은 시간과 고난으로 여기까지 왔기에 돌아갈 순 없었다. 일행이 계속 나아가자, "경고를 했건만…" 땅이 흔들렸다.

'탕, 쿵 우르르' 소리가 나며 석상들이 움직였다. 석상의 금이 난 곳으로 용암이 흘러 내리며 봉우리 같던 머리가 화산 같이 변하고 눈은 불꽃 같고 빛나는 눈동자로 일행을 바라보며 불 환도를 휘둘렀다. 하지만 일행은 예전보다 더욱 강해졌기 때문에 싸울 수 있었다. 홍검은 석상과 대등하게 싸웠고 도형은 물로 이루어진 구체를 만들어 공격했다. 하지만 흑요석에 큰 피해를 주진 못했다.

한편, 해인은 "수현아 내가 석상을 얼려 버릴 게, 대신 주위를 좀 끌어줘!"

수현이 불 환도를 휘두르자 석상이 뒷걸음을 치다 바다에 빠질 때, 해인이 냉기로 석상 하나를 얼려 버렸다.

도형이 시선을 자기 쪽으로 유인하는 동안 홍검이 봉우리 안으로 들어가, 불을 흡수하고 도형이 석상의 중심부를 식히자 석상은 기능을 멈추며 사건은 일단락되었다. 일행은 다시 배로 돌아와, 다시 흑을 향해 출항했다. 화산 절벽을 벗어나자 앞이 훤히 보일 만큼 눈앞이 맑아졌다.

오랜만에 햇살과 푸른 하늘로 일행은 잠시나마 행복해졌다. 일행은 다시 정신을 차리고 항해를 이어갔다. 얼마 안 가 두 번째 섬에 상륙했다. 섬은 좁고 군데 군데 폭포수가 흐르고 큰 원 형태의 산봉우리 중앙에 커다란 검은 구름의 섬이 있었다. 일행은 재빠르게 수풀로 숨었고 상륙한 배를 확인하러 온 오니들은 아무도 없는 것을 확인하고 각자 나눠 숲속으로 사라졌다. 오니들이 사라진 것을 확인한 후 일행은 다시금 움직이기 시작했다.

일행들은 섬으로 가기 위해 산봉우리를 올라갔다. 올라가던 중 콘크리트로 만들어진 인공적인 건축물이 보였다. 도깨비들이 만들었다고 보기엔 너무나 견고하고 첨단 기술이 사용된 지라 사람이 만들었다고 생각했다. 일행은 이것이 무엇인지 궁금해서 조심스럽게 들어가 보았다. 잠금장치는 풀려 있었다.

유리창 너머에는 도저히 자연적인 생물이라고는 생각할 수 없을 만큼의 흉측하고 무서운 생명체가 있었다. 여섯 개의 게 다리와 수많은 문어 다리에 상반신은 암석 같은 피부와 바위 같은 골판, 네 개의 팔, 위쪽 팔에는 커다란 집게 손, 아래쪽 팔에는 갈고리 형태의 굵은 손이 달려 있었고, 악어거북이 같은 머리와 두 쌍의 짧은 뿔이 달린 괴물이었다. 괴물은 슬픈 듯 울음소리를 내며 헤엄쳤다. 수현이 유리에 손을 대자 그것과 교감하듯 그것은 작은 울음소리를 냈다. 일행은 책상에 올려져 있는 서류를 보았다.

실험 일지. 1920년 #월 ##일. 담당자: ###

첫 번째 일지.
우리는 세계 1차대전 이후 수많은 전쟁 병기를 만드는 데 실패하였다. 골머리를 썩이고 있을 때 조선과 일본의 도깨비 두목인 두억시니가 연합 제안을 걸어왔다. 그들은 생체 병기를 만들 도움을 줄 뿐만 아니라 전쟁에서 이기게 해주겠다는 제안을 했다. 그의 달콤한 제안을 우리는 받아들였다.

> 두 번째 일지.
>
> 두억시니가 지배하는 섬에 연구소와 관련 시설을 짓고 본격적인 연구에 몰입했다. 우리가 가장 놀란 점은 이 섬은 그냥 섬이 아니라 '귀수산'이라는 거대한 거북이의 등껍질이라는 것이다. 두억시니는 귀수산을 통제해 여러 해양을 지나며 탐험하는 존재이다.
>
> 세 번째 일지.
>
> 두억시니의 힘은 막강할 정도로 어마했다. 그러나 이 거북이는 너무나도 느려 터졌다. 하지만 그만큼 그곳의 해양을 조사하는데 시간이 마련됐다. 이 거북이는 등을 보호막으로 감싸 잠수할 수 있어서 해양을 더욱 깊고 자세하게 조사할 수 있었다.
>
> 네 번째 일지.
>
> 이곳은 너무나도 놀랍다. 태평양의 북동쪽, 매우 깊은 곳인데 여긴 지구가 아닌 것 같다. 이곳은 지구 속의 새로운 세계라고 볼 수 있다.

여기를 끝으로 문서가 손상되어 있었다.

오니들은 일행이 섬에 침입한 것을 알고 분주하게 수색을 했다. 그것을 안 일행은 오니들을 피해 산으로 올라갔다. 산 중턱에 올라오니 예전에 왔었던 안개 숲과 비슷한 곳이 있었다. 일행이 전보다 순조롭게 중턱을 빠져나오는데 어떤 목소리가 들렸다.

(여자 음성)"그때 그냥 돌아갔으면 좋았지 않나?"

(남자 음성)"도망가라고 그대로 뒀는데."

(어린아이 음성)"어리석군."

일행은 천천히 앞으로 걸어갔다. 정확히 앞에서 보니 길고 하얀 털이 덮힌 얼굴에 붉게 빛나는 눈, 사람같이 생겼으나 검붉은 피부, 촘촘하고 날카로운 이빨, 고운 자태를 하고 갈고리 같은 날카로운 발톱을 가진 모습이었다. 장산범이 말했다.

"아 생각해 보니 도형… 너의 어머니가 생각나는군."

"우리 어머니는 사고로 돌아가셨어! 뭐 어떻게 알고 있는 거야?"

"말해줘도 의미 없겠지만… 너의 어머니는 독립운동가셨고 어렵게 너를 낳았어. 부유하진 않지만 행복한 가정이었지. 하지만 일본 순사들에게 발각되어 쫓기던 중, 배고프던 나는 너의 어머니를 만났어. 너의 어머니는 허망해하며 자신의 다리를 줄 테니 아기를 살려달라고 애원했지. 그녀는 기어서 도망쳤어. 며칠 뒤 또 같은 일로 그녀를 만났지. 나는 매우 고팠어. 너의 어머니는 자신을 줄 테니 아기만은 살려달라고 사정사정했고 시집에 아기를 두고 와서 결국 먹었어."라며 진실을 말했다.

"내가 잡아먹었던 여인의 아들이 이렇게 돌아왔군. 친구들까지 함께 말이야, 하하하. 얼른 내 입으로 들어오시지?"

도형은 무릎을 꿇고 아무 말도 없었다. 장산범이 덮칠 때 그는 칼로 장산범을 막아내며 말했다.

"어… 어서 가! 홍검아! 너희들도 빨리! 흡……으…….."

도형이 장산범을 막아내자 홍검이 걱정이 되어 머뭇거렸지만 도형이 더욱 크게 소리쳤다.

"야! 이 자식아! 빨리 가! 나는 더 이상 예전의 약한 도형이 아니야. 어서 가!"

홍검은 도형을 믿기로 하고 황급히 올라갔다. 봉우리까지 올라오니, 깊은 해저같이 어둡고 깊은 호수가 있고 호수에 연결된 폭포와 산맥으로 덮인 커다란 섬이 있었다. 해인은 잠시 기다리라며 호수 위를 걷다가 눈을 감고 춤을 추자, 추는 자세의 흐름에 따라 하얀 불빛이 휘감겨 올라갔다. 팔을 뻗자 긴 얼음 계단이 만들어졌다. 계단을 올라가려고 할 때 길고 큰 무언가가 고개를 들었다. 그것은 뱀과 용을 합친 듯한 머리에 암석처럼 크고 단단한 턱과 빛나는 푸른색의 갈기로 덮인 목을 가진 존재였다. 약 1,400척의 커다랗고 긴 청록색의 몸과 꼬리, 발톱이 달린 네 개의 팔, 빛나는 초록색의 눈, 가늘고 매서운 검은 눈동자, 날카롭고 길고 단단한 송곳니(네 쌍)과 짧고 큰 이빨, 촉수같이 길고 유연한 혀를 가진 뱀[蛇龍]이었다.

그 뱀은 해인을 향해 빠른 속도로 돌진해 왔다.

"내가 막고 있을 테니까 어서 가! 내 걱정은 말고 어서!"

수현과 홍검이 계단을 올라가는데 뱀이 계속 계단을 물어서 부셨지만 둘은 거침없이 나아갔다. 해인은 뱀의 머리를 향해 작은 얼음 수정을 던지며

"이봐, 어딜 보는 거야? 상대는 나라구."라며 뱀의 시선을 끌었다.

일행이 오니들을 수차례 베어버리며 전진하는데 큰 무언가가 일행의 앞을 가로막았다. 그것은 일곱 개의 머리를 가진 큰 용(야마타노오로치)의 유해와 사령술사였다. 용은 일곱 개의 머리로 위협해 왔다. 그리고 해골 병사들이 공격해 왔다. 일행은 순조롭게 이들 무리를 베었다. 용이 거세게 공격하자 수현은 용궁에서의 전투처럼 용손으로 변신하여 용을 손쉽게 제압했다. 쓰러진 사령술사는 다시 털고 일어나며 양팔을 벌렸고 사령 술사를 중심으로 수많은 뼈들이 하나로 뭉치자, 400척의 커다란 거인의 형상(800척)이 만들어졌다.

일행이 수없이 공격했지만 체력만 소진될 뿐이었다. 갑자기 홍검은 머리가 깨질 듯이 아프다가 무언가를 깨달은 것처럼 냉정해졌다. 홍검의 몸에서 연기가 났다. 갑자기 홍검의 눈이 별처럼 빛나며 푸른 불길이 솟았다. 머리가 하얀색으로 물들고 푸른 불길이 휘감겼다. 거인은 주먹을 홍검을 향해 날렸고 홍검은 빠르게 피하며 거인의 팔을 부셨다. 하지만 거인의 팔은 순식간에 복구되었고 다시 주먹을 날리니 지면에 박혔고 그 틈에 홍검은 거인의 팔 위로 뛰어갔다. 그러자 거인의 팔에서 해골 병들이 생성되었다. 홍검은 손으로 해골 병의 머리를 잡았고 해골에 혼이 빨려 들어가듯 흰 빛의 혼이 들어가며 해골 뼈는 으스러지고 사라졌다. 거인은 그것을 보고 발작하듯 더 많은 병사들을 만들어 냈지만 홍검에게는 훌륭한 에너지원일 뿐이었다.

홍검은 뛰어가서 거인의 머리로 뚫고 들어가 사령술사의 목을 잡았다. 그리고 사령술사의 혼을 빨아들이자 사령술사의 육체는 바스러졌다. 사령술사가 죽자 거인은 마침내 무너지고 말았다. 홍검은 다시 원래 모습으로 돌아왔다. 홍검은 자신의 의시으로 싸웠다고 말했다.

일행은 봉우리를 향해 달렸다. 일행을 막기 위해 온 오니들과 수십 마리의 생체 병기 '산화견(山火犬)'과 '적촉(敵觸)'이 일행의 앞을 가로막았지만, 용손으로 변한 수현의 앞에선 속수무책으로 쓰러졌다. 산 중턱까지 올라오니 봉우리 위에 보이는 용의 머리 같이 생긴 바위 동굴과 그곳을 지배하고 있는 요새가 보였다. 하지만 뒤에서 빠른 속도로 나무줄기가 일행을 구속시킨다.

"뭐, 뭐야?" 엄청난 패기가 일행을 짓누른다.

"네 녀석들 다신 오지 말라고 경고를 줬건만……."

어두운 목소리가 들린다. 일행은 줄기를 베어버리며 올라간다. 그때 수현의 발목이 잡혔다.

"어서 가! 내가 맡고 있을게! 뒤돌아보지 말고 빨리 올라가!"

홍검은 뒤돌아보지 않고 빠르게 오니들을 베며 나아갔다. 올라가니 커다란 뿔이 세 쌍 달린 용머리 같은 바위와 커다란 요새가 보였다. 붉은 불길에 휩싸인 홍검은 정신을 차리며 발현하여 적들을 쓰러뜨렸다. 요새를 뚫고 본거지로 들어서자 두억시니가 아닌 그의 3천 명의 오니와 생체 병기들이 홍검을 반겨주었다. 홍검은 3천 명의 군단과 격돌하였고 홍검은 밀리지 않고 잘 싸우다 너무 많은 병력에 밀리기 시작했다. 홍검은 그들을 따돌려 지하실 안에 숨어들었다.

지하실 안을 둘러보니 이 세계(시대)에 없을 듯한 첨단 기술 시설이 갖춰져 있었다. 길고 흰 복도를 지나가 보니 유리 벽들 너머로 수많은 변종 생물들이 한 개체당 한 격리실에 있었다. 거기엔 검푸른 화염으로 덮여 있고 눈이 세 개인 늑대 '산화견'도 있고, 꽃봉우리 같은 세 갈래의 입과 세 발가락의 긴 다리와 꼬리와 촉수를 가진 '적촉'도 있고, 하반신은 문어에 상반신은 도마뱀인 '촉척어'도 있었다.

홍검이 문을 열자 옥에 갇힌 수많은 조선의 백성들이 쓰러져 있었다. 철창 너머로 백성들의 상태를 보니 의식은 있었지만 수면 상태였고 아무리 깨워도 일어나지 않았다. 그때 어떤 아이의 울음소리가 났다. 깜짝 놀라 가 보니 어떤 남자아이가 울고 있었다. 홍검은 다가가서 아이를 달랬다.

"꼬마야 왜 우니?"

"일어나 보니 주위 어른들이 깨어나지 않아."

홍검은 아이를 달래며 백성들을 탈출시킬 생각에 잠겼다. 그때 군단이 내려오는 소리가 들렸다. 홍검은 황급히 아이를 업고 서둘러 지하 연구실을 탈출했다. 용 동굴 앞쪽을 달리고 있을 때 무언가가 그들을 가로막았고 군단장 백호(白毫)를 상대하게 되었다. 그는 하얀 늑대였는데 붉은 눈을 하고 있었고, 손과 팔에 붕대가 감겨 있었으며, 검은 모자가 있는 망토를 쓰고 손잡이가 짧은 낫을 양손으로 잡고 있었다. 그는 기분 나쁜 휘파람 소리를 내며 모자를 벗고 말했다.

"워~ 워~ 워~ 아니 이게 누군가. 두목의 목을 베러 온 우리의 영웅 아니신가."

"…"

"아, 비꼴 의도는 없었는데 미안하네. 이제 말은 그만하고 싸워 볼까."

그는 낫을 꽉 쥐고 달릴 자세를 잡았고 홍검도 그에 따른 자세를 잡고 준비했다. '쾅!!' 번개가 지면을 내리치는 순간 결투는 시작되었다. 백호는 빠르게 위로 뛰면서 손으로 낫을 돌리면서 홍검을 베었고 홍검의 뺨에 상처를 내었다. 홍검은 보통 상대가 아니라고 느끼며 사인검을 꺼내 들고 서로 큰 파장을 일으키며 격돌했다.

꺾이지 않는 마음

한편 (장산범과 지친 도형) "헉헉헉" 거친 숨을 몰아쉬며 도형이 입가의 피를 닦는다.

"하하하하, 겨우 이 정도 밖에 안되나?"

"닥쳐! 이 고양이가…헉헉"

숨을 몰아쉬며 도형이 장산범을 도발했다.

"너무 봐줬나 보군. 이만 죽어라."

장산범이 도형의 도발에 정색하며 날카로운 발톱을 꺼내 들고 도형에게 달려들었다.

"크헙! 억!"

털썩하며 도형은 피를 흘리며 쓰러졌고, 무릎을 꿇고 정신을 잃었다.

"잘자라, 우리 아가."

누군가의 목소리가 들린다.

"어. 엄마?"

도형은 졸린 눈을 비비며 눈을 떴다. 도형은 자상한 어머니의 무릎 위에 누워 있었다.

다른 한편. (뱀과 해인)

"헉헉헉…"

해인은 숨을 몰아쉬며 뱀의 공격을 피했다. 해인은 얼음 다리를 만들며 뱀에 가까이 다가갔다. 다리를 부수며 충돌하자 뱀이 빈틈을 보였고 그 순간 커다란 얼음 수정을 만들어 뱀을 향해 던졌다. 하지만 수정이 부서지자, 뱀의 비늘과 접촉할 뻔했다. 해인은 무언가 위협을 느끼고 물러섰다. 그녀는 느꼈다. 말로 설명할 수 없을 정도의 증오와 분노, 복수심을… 해인은 무의식의 잠재력을 통해 뱀과 소통할 수 있었다.

"들리나요?"

해인이 조심스럽게 묻자.

"나를 부르는가?"

의외로 매력적인 소년의 차분한 목소리가 대답했다.

"일단 말로 풀어 봐요. 왜 우릴 공격하는 건가요?"

해인이 물었다.

"당연한 것 아닌가? 우리의 계획을 방해하니… 넌 하늘에서 쫓겨 내려왔는데 왜 하늘의 증오를 품지 않은 거지?"

"쫓겨 내려온 것은 제 어머니의 잘못 때문이니 저는 증오하지 않습니다."

평온하게 대답한 후 해인은 물었다.

"당신은 왜 하늘을 증오하나요?"

뱀은 자신의 과거 이야기를 들려주었다.

"태초의 세계에서 나는 황룡과(본모습: 태양의 천사) 생명의 천사 사이에서 1000년의 기다림 끝에 태어났다. 9남매 중 나는 4번째 아들로 태어났지. 하지만 내 형제들이 인간의 모습이었던 것과는 달리 나는 작은 용으로 태어났어. 그랬던 탓인지 형과 아우들은 나를 깔보았어. 물론 다른 천사들도 나를 그렇게 대했지. 하지만 날 진정으로 대해주는 사람도 있었다. 나의 일곱 번째 동생과 아버지, 그리고 행성 총리회의 천사 '계명성'은 나를 북돋아 주고 공감해 주며 나의 버팀목이 되어 주었다. 그로부터 1000년 뒤 나는 유아기에서 어엿한 청년기로 자라 아버지처럼 길고 빛나는 갈기와 수염, 길고 날카로운 송곳니 두 쌍을 가지게 되었고 푸른 비늘과 배 비늘도 단단해졌다. 그리고 맹독을 품게 되었지.

내 동생도 아버지와 매우 비슷한 용의 모습이었지. (기원전 5026만 년 경) 언제부턴가 아버지는 실종되었다. 천사들이 수색했지만 최초의 세계는 끝이 보이지 않을 만큼 커서 쉽사리 아버지의 행방을 알 수 없었다. 100년 뒤 아버지가 발견됐다는 소식에 기뻐하여 그곳에 갔지만 커다란 황룡이신 아버지는 바닥에 쓰러져 있었다. 온몸엔 수많은 상처와 화상 자국이 있었지. 목덜미에 무언가에 물린 자국과 독이 퍼진 자국이 있었고 우리 남매들은 통곡하며 울었다.

　수호자 천사는 독과 바늘 자국을 보고는 아버지를 살해한 범인으로 나를 지목했다. 다른 천사들도 맞다며 맞장구를 쳤고 나를 범인으로 몰아갔고 우리 형과 아우들도 맞장구쳤어. 동생은 그들의 주장을 막아서며 내 편을 들었지만 천사들이 동생을 나와 거리를 두게 하며 나를 체포했다. 결국 심판장으로 끌려간 나는 결백을 주장했지만 아무도 믿어주지 않았고 결국 지구로 쫓겨났다. (기원전 5,145만 년경)

　지구로 쫓겨난 나는 처음 보는 지구와 공격적이고 중립적인 생물체의 모습에 공포에 떨며 동굴 속에 숨어 있었다. 하지만 억울함과 공포에 감싸있던 나를 일으켜 주는 구원의 존재가 나타났어. 그는 자신의 행성에 내가 있는 걸 알고 있었고 나에게 여러 위로와 공감을 해주었고 강해지는 법도 전해 주었다. 그리고 어떠한 큰소리가 나도 절대로 수면 위로 나가지 말고 해저에 숨어 있으라며 신신당부했다. 나는 나를 공포에 떨게 한 파충류들을 잡아먹었고 대륙에 있는 생물의 절반을 삼킨 후 깊은 해저에 들어갔다. 내가 해저에 있는 동안 수면 위에서 폭발과 큰소리가 났고 호기심에 그의 말을 어기고 나갔다. 내 눈앞엔 나보다 몇십 배나 큰 소행성이 나를 향해 오고 있었고 나는 그것과 충돌했고 정신을 잃고 말았다. (기원전 6,500만 년경)

　내가 깨어났을 땐 내 주위에 커다란 암벽과 깊은 호수가 있었어. 나는 예전보다 스무 배나 커져 있었고 수면 위로 올라왔을 땐 예전과는 다른 세계가 펼쳐져 있었다. 나는 이 섬에서 사람이 아닌 도깨비라는 종족을 만났다. 그는 이야기가 잘 통하는 녀석이었어. 그 녀석을 통해 충격적인 사실을 알게 되었는데 계명성이 천상에서 쫓겨나 봉인되었다는 사실이야. 그때부터 나는 나와 나의 조력자까지 쫓아낸 천상을 매우 증오하면서 그 녀석과 손을 잡았다."

해인은 이야기를 듣다가 깨달았다.

"당신을 쫓아낸 천사들은 계명성의 지시로 한 거예요!"

그는 해인의 말을 듣고 오히려 화를 내며 앞발을 들어 해인을 밟으려 했다. 해인은 계속 외쳤다.

"당신의 아버지는 당신이 죽인 게 아니라 계명성의 공격으로 죽은 것에요!"

사룡의 머릿속에 잊혀졌던 기억들이 생각나기 시작했다. 그는 혼란 속에서 다시 정신을 부여잡았다. 그는 큰 분노와 슬픔에 휩싸이며 무의식으로 폭주하기 시작했다. 사룡은 독가스를 뿜어대며 산봉우리의 주변 동식물을 모두 죽여 버렸다. 다행히 내성을 지닌 해인은 버티며 저항했지만 사룡을 맹독과 불을 뿜으며 해인을 공격하였다.

(수현)

"헉…헉헉, 넌 정체가 뭐지?"

"내 정체라… 난 이름이 없지만 모두 이렇게 부른다. '두두리'라고."

그것은 줄기를 이용해서 수현을 포박했다. 하지만 수현은 도끼로 손쉽게 잘라버렸다. 수현은 용손으로 변해 손으로 먹구름을 만들었다. 그러곤 위로 뛰어올라 먹구름을 번개로 바꾼 뒤 그대로 땅에 내리꽂았다. 그러자 충격으로 땅이 갈라지며 두두리의 뿌리가 보였다. 수현은 손에서 불꽃을 만들어 그대로 뿌리에 던졌다.

"어리석은 녀석…" 이라는 말을 끝으로 두두리는 불에 타며 작은 폭발이 일어났고 그렇게 소멸된 줄 알았다. 그러나 지면이 갈라지며 하얀 줄기들이 수현을 타격했고 수현은 산까지 날아갔다. 지면이 꺼져버리며 두두리의 본모습이 나타났다. 중립 보행하는 300척 크기의 거대한 하얀 거인의 모습이었다. 그것은 커다란 손과 3개의 손가락, 크고 넓은 몸과 목을 가지고 있었다. 목 끝부분에 끊겨 있는 단면이 있었고 공중에 띄워져 있는 빛나는 푸른 구체와 그것을 감싼 용 모양의 머리, 양옆으로 솟아난 나팔 모양의 뿔, 등 뒤에 자라나 있는 커다란 숲 형태였다.

두두리는 커다란 손으로 땅을 울리며 수현과 다시 대립하였다. 수현은 새로운 모습, 적룡형으로 변하여 두두리가 날린 줄기들을 태워 버리며 전진했다. 하지만 줄기들은 너무나도 단단해, 뚫고 가지 못했다. 수현은 다시 새로운 모습인 화룡형으로 변신하여 줄기들을 베며 두두리를 향해 다가갔다. 하지만 두두리는 생각했던 것보다 훨씬 막강했다. 두두리는 인간의 피가 아닌 다른 존재의 피로 자란 것 같았다. 두두리는 입으로 거대한 충격파를 모아서 수현을 향해 그대로 발사했다. 수현은 그것을 맞자마자 암벽까지 날아가 쓰러졌다. 수현은 인간으로 돌아오며 혈흔을 토해 내며 서서히 죽어갔다…

(백호와 홍검)

백호와 충돌했던 홍검은 지친 듯 '헉헉'거리며 다시 공격 태세를 갖추었다.

"헉, 헉, 후… 이렇게 강할 줄 몰랐네. 이제 진심을 내야겠네."

낫이 갈고리 검으로 변하며 주위에는 보라색 화염이 감싸였다. 그러곤 자신의 팔에 감겨 있던 붕대를 풀자 팔에선 보라색 화염이 휘감겼다. 그것을 본 홍검이 말했다.

"당신 정체가 뭔가요?"

"나는 죽음이다."

백호가 달려들었고 그는 양손의 검을 휘감으며 홍검을 몰아붙였다. 그것은 이때까지 만났던 것들과는 차원이 달랐다. 그것은 검으로 홍검을 베었고 홍검은 그대로 쓰러졌다. 홍검은 잠재력을 깨워 보려고 시도했지만 안됐다.

"잠재력이 아닌 자신의 내면을 끌어 올려야지. 자신의 힘은 스스로 깨우쳐야 한다."

홍검은 떠나는 백호를 뒤에서 베었다. 홍검은 잠재력으로 싸우지 않고 자신의 힘으로만 싸웠다. 잠재력에 의지하는 모습이 아닌 스스로의 힘을 개방한 것이다. 홍검은 내면의 균형을 유지하며 백호의 공격 위치를 알아갔고 백호를 압도했다. 결국 백호는 쓰러졌다. 백호는 다시 일어나며 말했다.

"하하, 저승의 왕이면 이 정도는 돼야지."

그는 충성을 맹세하면서 화염 속으로 사라졌고 불길은 사그라들었다.

홍검은 아이를 업고 요새의 중심부까지 들어갔다. 그곳은 무언가의 유골로 만든 커다란 왕좌와 수많은 유골들이 널브러져 있고 악취와 피비린내가 났다. 내부를 보고 있을 때 뒤에서 누군가가 기습적으로 홍검을 제압했다. 뒤를 돌아보니 오니 셋이 서 있었다. 아이는 깔깔 웃으며 홍검을 비웃었다.

"구해준 아이에게 배신당한 기분은 어때?"

"너, 너! 인간이 아니구나."

"그래, 맞아. 흑의 왕 두억시니가 바로 나야. 바로 널 잡아먹어 죽음의 신의 힘을 당장 가지고 싶지만 선한 너를 먹지 못해 아쉽다. 악하게 물들이고 난 후 먹어도 늦지 않겠지."

그는 오니들을 시켜 홍검을 옥에 가두었다.

(지하 옥)

'철컹'

"여긴 어디지?"

홍검이 주위를 둘러보자, 쇠로 만들어진 철창에 나무 책상, 면과 먹, 붓이 놓여 있고 짚이 바닥에 깔려 있었다. 거기엔 남성 3명이 갇혀 있었다.

"저. 저기… 안녕하세요?" 홍검이 조심스럽게 인사를 건네자 남성들은 깜짝 놀라며 뒤를 돌아보았다. 어딘가 익숙한 사람들이었다.

"아. 아버지?"

"홍, 김홍검? 우리 아들?"

두 부자는 얼싸안고 눈물을 흘렸다. 엉엉 우는 홍검을 아버지는 토닥이며 달래 주었다. 홍검은 수현과 도형의 아버지께도 짤막하게 지난 여행을 이야기했다. 그들은 두억시니의 간부들을 상대하고 있을 친구들을 위해 옥에서 탈출할 방법을 짰다.

"이보시요! 이보시요! 여기 동무 한 명이 우리를 위협하오!"

큰소리를 내자 오니가 서둘러 감옥 문을 열었다.

"드디어 악해졌군. 이봐, 두억시니님 앞으로 가자!"

오니가 감옥 안으로 들어오자. 홍검의 아버지가 짚으로 묶은 밧줄로 오니의 목에 걸고 홍검이 줄을 당겨서 오니를 기절시켰다. 그들은 압수당했던 물품들을 되찾고 지상으로 올라갔다. 그들은 오니와 생체 병기들을 베고 요새의 중심부에 다가갔다. 하지만 극심한 전투로 인해 수현 아버지가 부상을 입었다.

"홍검아, 아버지 말 듣거라. 여긴 우리가 막을 테니 넌 어서 가."

"아. 아버지…는."

"두억시니를 이길 수 있는 사람은 바로 너야. 우리는 괜찮으니 어서 가!"

세 명의 아버지들이 홍검의 뒤를 맡아 주었다. 홍검은 울음을 참아내며 중심부까지 들어갔다. 두억시니는 기다렸다는 듯이 아이의 모습을 하고 홍검을 기다리고 있었다.

"너의 흉악한 본모습을 드러내어라."

"그래, 숨길 필요는 없겠지."

아이의 모습은 연기처럼 사라지고 아이 뒤에 있던 그림자가 커지며 두억시니의 본모습이 드러났다. 수많은 뿔과 커다란 다부진 몸, 푸른 망토, 검은 피부, 밧줄과 가죽을 두른 허리, 험악한 얼굴, 붉은 눈의 모습이었다. 두억시니는 화염이 감긴 가시 쇠몽둥이를 들고 공격 자세를 취했고 홍검은 칼을 들며 대립했다.

다른 한 편. (장산범과 쓰러진 도형)

"어머니!"

"깼어?"

도형은 일어나 주위를 살펴본다.

"장산범은요?"

"장산범이라니 우리 도형이 꿈꿨구나?"

어머니가 웃는다. 도형의 기억 속에서 무언가가 되살아난다.

"악몽을 꿨구나. 힘들지 않았어?"

"아픈 꿈이었지만 따뜻하기도 했어요."

어머니는 도형을 안아준다.

"도형아, 너는 나에게 큰 복이야. 만약 내가 없어도 난 항상 네 옆에 있단다. 너는 항상 잘할 거야. 엄마는 믿고 있어."

"엄마, 엄마와 함께 있고 싶지만 절 기다리는 친구가 있어요."

"가는 거니? 엄마는 너의 웃는 얼굴을 보고 싶네. 잘생긴 얼굴 보여줄 수 있지?"

(가면을 벗고 웃으며)

"사랑해요, 엄마."

(도형의 머릿속에서 "너는 항상 잘할 거야. 엄마는 믿고 있어."가 울려 퍼진다.)

(다시 현실)

"드디어 죽었군. 끈질긴 녀석이었어."

비가 내리기 시작했다. 도형의 몸에서 비늘이 하나씩 생기기 시작하더니 깃털이 자라고 도형의 몸은 동물 형태로 변하며 정의의 심판자 '해태'가 되었다. 도형은 장산범의 어깨를 물고 내던졌다. 장산범은 발톱으로 달려들었지만 비늘이 단단하여 뚫지 못했다. 장산범은 도망쳤다. 하지만 마음을 읽을 수 있는 도형은 자신의 크고 날카로운 뿔로 장산범의 흉부를 찔렀고 장산범은 그 자리에서 최후를 맞이했다.

한편. (사룡과 해인)

사룡이 불과 독가스로 폭발을 일으키는 순간.

"침착하자. 이렇게 돌면서 내려오고 위로 올라가고 옆으로 돌고."

해인은 용왕이 가르쳐주었던 것을 생각하며 춤을 추었다. 춤을 추다가 도를 깨달을 때 해인은 물 소용돌이를 만들며 '현무'가 되었다. 해인은 물벽을 일으켜 폭발을 막고, 사룡이 일으킨 해일을 흡수하여 그 흡수한 힘으로 물 공을 발사하였다. 사룡은 최후의 수단으로 자신이 가진 맹독을 모두 뿜어 같이 죽어버리려고 했다. 사룡이 맹독을 뿜으며 반격하자 해인은 얼음 소용돌이를 만들었다. 소용돌이를 사룡에게 넣으며 짧고 진심 어린 말을 주고받았다.

"나도 누군가에게 필요한 존재가 되고 싶고 누군가에게 존중받고 싶었다."

"그 마음 잘 압니다. 하지만 한 존재를 위해 모두를 위험에 빠지게 하는 건 옳지 않습니다."

"그래, 너를 통해 깨달음을 얻었다. 너의 지혜와 마음이 온 땅에 닿기를…"

이 말을 끝으로 사룡은 얼어붙었다. 얼어붙은 사룡은 그대로 호수 밑바닥으로 가라앉았다.

다른 한편. (두두리와 쓰러진 수현)

"여. 여기는?"

수현이 주위를 둘러보자 익숙한 목소리들이 들렸다.

"그래, 다시 만났구나."

익숙한 목소리들이 들렸다.

"조상신이시여, 소인은 급하게 해야 할 일이 있습니다."

"그래, 알고 있다. 우리가 너를 부른 이유는 너의 육체가 우리의 힘을 담을 그릇으로 충분하기 때문이다. 마음의 평화를 가져라, 힘의 대가에 정신을 잃지 말고 균형을 맞추거라."

수현은 이 말을 마음에 되새기면서 다시 일어섰다. 눈을 감고 말씀을 새기며 가슴에 손을 얹으니 맥박 소리가 점점 천둥처럼 들렸다. 천둥소리가 크게 들릴 때 가슴에 힘을 주고 평온해지니 힘을 개방하게 되었다. 수현은 커다란 용이 되며 구름을 뚫고 상공으로 올라가 포효했다. 검은 번개와 먹구름을 감고 수현은 두두리 앞에 나타났다.

두두리는 "나는 태초의 거인의 피로 자란 존재인데 어찌할 것인가."라며 기세등등하였다.

수현의 화염 방사와 두두리의 에너지 방사가 충돌하였고 큰 폭발이 일어났다. 두두리는 시야가 가려진 틈을 타서 큰 손으로 수현을 내리쳤다. 두두리는 용 형태의 나무를 생성하여 수현의 목을 물었다. 하지만 단단한 비늘 탓에 상처를 주지 못했고 역으로 수현이 줄기를 만들어 두두리의 목과 팔을 묶었다. 줄기를 만드는데 서툴렀던 탓인지 두두리가 조금의 힘을 주자 끊어져 버렸다. 수현은 최후로 정면승부를 하였다. 수현은 두두리의 목과 팔을 물어뜯었지만 흠집도 안 났다. 그때 코어 부분을 공격하자 두두리는 격렬히 반응했다. 그것을 알게 된 수현은 코어를 향해 공격했고 마지막 일격을 가하며 공격했다. 두두리에게 목을 잡힌 수현은 그대로 죽을 것 같았지만 최후의 일격으로 에너지를 모아 두두리의 벌린 입 사이로 발사했다. 최후의 일격은 성공했다. 두두리는 "감히…"를 끝으로 코어가 폭발하면서 육체가 부서졌다. 수많은 빛들이 퍼지며 소멸하였다.

그리고 나서 수현은 쓰러졌다. 깨어나 보니 해인과 도형이 보이고 일어나 보니 다친 부위에 붕대가 감겨 있었다. 물과 식량을 공급받은 수현은 서서히 회복되었다. 수현은 홍검을 돕기 위해 봉우리를 향해 달려 나갔다.

한편. (두억시니와 홍검)
"헉헉헉!"
"이 정도냐? 하하하!"
두억시니는 홍검을 비웃었다. 홍검은 백호형으로 변신해 빠르게 뛰어다니며 공격했지만 두억시니는 미래는 보는 것처럼 홍검의 행동을 되받아쳤다. 홍검은 두억시니의 혼을 빼내기 위해 겨우겨우 시간을 끌어 빈틈을 만들었다. 그 빈틈으로 두억시니의 몸에 손을 댔지만 어째서인지 혼은 거둬지지 않았고 역으로 두억시니의 불꽃 쇠방망이에 가격을 당해서 홍검은 큰 부상을 입게 되었다. 홍검은 벽을 뚫고 날아가며 돌무더기의 땅에 던져졌고 간신히 일어서니, 두억시니가 내려다보며 말했다.
"겨우 그 정도인 실력으로 나를 이길 수 있을 거라 생각했나?"
홍검은 일어서며 잠깐 침묵을 하다 말했다
"그래, 나의 실력은 이 정도지만 마음은 이 정도가 아니지 말이야."
그는 불꽃으로 몸을 휘감으며 흑호형으로 변신했다. 머리카락은 검고 붉은빛의 화염으로 변하고 다리가 범의 뒷다리가 되며 사인검의 날은 붉고 검은색이 되었다. 홍검의 눈이 불타오르며 다시 결투가 시작되었다. 이번에는 이전처럼 맞기만 하지 않고 두억시니를 검으로 베었다. 홍검은 그에게 수차례 공격을 가했고 두억시니는 가슴에 상처를 입으며 무릎을 뚫었다.

"하하하하하, 이런 힘을 숨기고 있을 줄이야. 나도 진심을 내야겠어."

두억시니는 자신을 따라온 오니 네 명을 잡아먹으며 잔혹한 모습을 보여주었다. 그러자 두억시니의 몸에 네 개의 뿔이 돋아나더니 입에서 연기가 나고 다리가 말이 되더니 길고 붉은 비늘이 덮인 꼬리가 생기고 붉은 불꽃이 휘감겼다.

"어떠냐? 나도 변신해 봤다."

홍검은 다시 자세를 잡으며 다시 격돌했다. 이들이 그대로 부딪치자 큰 폭발을 일으켰고 붉은 파장 두 개가 충돌했다. 둘은 뒤로 물러섰고 숨을 몰아쉬다가 다시금 싸웠다. 둘은 계속해서 부딪혔고 홍검은 기력을 다해 쓰러졌다. 두억시니가 홍검을 처리하려고 할 때 해인이 나타나 두억시니를 얼려 버리며 그를 막아섰다.

"이봐, 두억시니! 우리가 그렇게 쉽게 보내줄 줄 알았더냐? 차라리 우리와 상대하는 게 어때?"

"해인아, 도형아, 너희는 뒤에 오는 오니들과 괴물들을 맡아. 나는 이 녀석과 싸울게."

수현이 진중한 목소리로 말하자, 해인과 도형은 뒤쪽을 맡기 위해 물러났다. 수현이 청룡형으로 변신하자 두억시니는 재밌다고 웃으며 수현과의 대결이 시작되었다. 수현은 번개를 지상에 꽂았고 그 충격으로 암석들은 공중으로 솟아올랐다. 그것들을 밟고 두억시니는 위로 올라갔다. 수현은 거대한 번개를 도끼에 흡수시키고 두억시니가 뛰어 수현을 향해 쇠방망이를 내리치자 수현은 도끼로 되받아쳤다. 그 충격으로 먹구름 가득하던 하늘이 반으로 갈라질 정도였다. 결국 수현은 충격으로 쓰러졌다.

"이번엔 꽤 괜찮은 상대였는데 아깝게 됐군."

두억시니가 수현을 죽이려는 그때 "이봐, 헉, 헉, 나를 상대하라고." 홍검이 두억시니에게 달려들었다.

두억시니는 홍검을 공중에 던지며 뛰어올랐다. 두억시니와 홍검은 공중에서 싸웠다. 그들은 암석과 기둥을 밟으며 싸웠는데 두억시니는 강철이라는 이무기로 변하여 싸웠고 두억시니가 휘두른 최후의 일격에 홍검은 맞고 말았다. 홍검은 원래 모습으로 변하며 땅에 떨어졌다. 생기가 없는 눈, 차가운 몸, 들리지 않는 심장 소리. 홍검이 차갑게 식어버린 주검이 되자, 두억시니는 일행이 있는 쪽으로 가 외쳤다.

"모두 들거라. 너희의 대장 홍검은 죽었도다. 이제 그만 저항하지 말고 순순히 항복해라."

"아니야. 죽었을 리 없어. 야! 뱀 자식! 무슨 꿍꿍이야?"

해인은 울음을 터뜨렸다.

"무슨 소리야!! 내 친구는 쉽게 안 죽어!" 도형도 화를 냈다.

"헉… 헉… 홍검은 안 죽었어."

"우리 아들은 그렇게 쉽게 안 죽어."

홍검의 아버지가 두억시니의 말을 단호하게 잘랐다.

"이런, 이런, 우리의 왕 아니신가."

백호가 모습을 드러내자

"그게 무슨 말인가요? 우리의 왕이라니…?"

모두가 혼란에 빠진다.

"잘 봐라."

그가 주변을 가리키자 용암과 불 구덩이가 보였다.

"여긴 저승이야. 그리고 넌 이들의 왕이지. 흠… 아니 아니지. 왕보단 이곳을 감시하는 천사지."

그는 이해하기 힘든 말들을 계속했다.

"저는 살아야 해요. 저를 기다리는 사람이 있습니다."

홍검이 애원하자,

"잠시 잠시만! 그건 어머니께 물어봐야지."

그는 어떤 천사에게 말을 전했고 시간이 좀 지나자, 소식이 왔다.

"보자, 어머니께서 허락해 주셨다. 너의 잠재력을 개방해 주는 대신 너는 계명성에게 속아 금지된 힘을 얻고 구원을 받지 못하게 하는 악한 자들을 걸러내어 지옥으로 보내는 일을 해주면 된다네."

(다시 쓰러져 있는 홍검)

'쿵…쿵. 쿵! 쿵!!' 심장 뛰는 소리가 난다.

홍검의 몸에서 불꽃이 피어오르더니 점점 범의 모습으로 변해갔다. 검은 털에 붉은 줄무늬, 턱과 배가 하얗고 눈은 푸른색인 범의 모습으로 변했다. 홍검은 암벽 위에 서서 포효했다. 범이 포효하는 소리를 듣고 뒤돌자, 백흑호가 된 홍검이 포효하고 있었다. 일행은 그것을 보고 환호하며 사기가 높아졌다. 두억시니는 부하들과 날아올라 일행을 향해 돌격하였다. 홍검도 다시 한번 포효하자 뒤에서 수많은 범들과 비형랑의 백성들과 병사, 비형랑과 용궁의 병사들과 용왕이 돌격했다. 일행의 조력자들이 두억시니의 수하들과 싸우고 두억시니가 홍검과 격전을 펼치며 싸웠다. 홍검은 하늘의 힘으로 병사들을 조각하여 생명을 깃들게 하며 암석 병사를 만들었다. 죽어도 다시 살아나던 병사들은 두억시니의 발을 묶으며 위협했지만 두억시니는 겨우 돌인 병사들을 향해 화염을 뿜어내며 암석 병사들을 녹여버렸다. 암석 병사로 시간을 끌며 홍검은 거대한 암석 거인을 만들어 냈고 두억시니를 구속했다. 두억시니는 화염을 뿜어 거인의 손을 녹여버리고 홍검과 부딪쳤다. 수없이 지나가는 시간 속에서 홍검은 깨달았다. 이 싸움은 끝이 없고 두억시니는 죽일 수 없는 존재로 무의미한 싸움이라는 것을… 결국 싸움의 끝맺음은 자신을 희생시켜야 한다는 것을… 결국 홍검은 두억시니에게 잡아먹히고 그 찰나에 에너지를 방출시켰다.

"하하하, 드디어 지옥의 힘을 얻었구나. 뭐, 뭐지, 이 힘은? 아…안돼! 힘을 버티지 못하겠어. 안돼, 안돼!! 으아아악!!!"

두억시니의 몸에서 빛이 났고 그대로 폭발하며 주위의 검은 구름들은 사라지며 햇빛이 환히 들어오는 맑고 화창한 하늘이 드리워졌다.

두억시니는 그대로 사라졌고 일행은 홍검을 찾으며 돌아다니다 쓰러진 홍검을 찾아냈다. 아버지의 품속에서 일어난 홍검은 전에는 볼 수 없었던 환한 미소를 지었다. 자신들이 졌음을 깨달은 오니들은 무기를 내려놓고 항복했다. 이 섬 아니… 귀수산의 등에 살던 백성들은 해방되었고 축제를 벌이며 한참 기쁨에 취하였다. 백성들은 감사의 뜻으로 일행에게 성대한 만찬을 베풀어 주었다.

"장군님 아무리 찾아봐도 변종 괴물들과 실험실, 연구원들 모두가 감쪽같이 사라졌습니다."

"다른 경로를 파악하거라."

어느 정도 회복한 일행은 아버지들과 함께 귀수산을 떠났다.

한편 마을에서는 또 다른 순사들이 찾아와 마을을 위협하고 있었다.

"하하하, 조센징. 내 청을 거절한 것을 후회하게 해주겠다."

순사들은 여인 한 명의 목을 붙잡으며 억지로 끌고 가려 했다.

"꺅!"

그때 홍검과 도형, 수현이 나타나 그들의 앞을 가로막았다.

"이봐. 너희들!"

도형은 도끼를 들고 순사들을 향해 말했다. 그들 사이로 사라졌던 홍검의 아버지가 나서며 말했다.

"우리 아내를 풀어줘. 그러지 않으면 후회하게 될 거야."

"한낱 조센징이 뭘 할 수 있는데?"

순사는 그들을 얕보았다.

그때 뒤에서 지면을 뚫고 청룡이 나타나며 포효하자 현무가 냉기로 위협하며 거대한 절벽 위에서 포효하며 나타났다.

"홍검아!"

"사, 살려줘. 이 여자 내려놓을게 으, 으악!"

비명을 끝으로 순사의 목소리는 들리지 않았다.

"여보!!"

"얘들아!!"

사라졌던 마을 사람들이 돌아오자, 가족들은 서로 얼싸안고 기뻐했다. 그리고 마을 구성원으로 들어온 해인을 따뜻하게 환영해 주었다.

****

어느 깊은 어둠 속에서 괴이한 두 마리의 짐승이 편지를 보고 이야기를 한다.

"두억시니가 죽었다고?"

"그래, 너무 건방진 꼬맹이였으니…!"

"두억시니를 죽일 정도면 용에게 영향을 미칠 존재겠지?"

"그래, 어떤 놈인지 슬슬 한 번 움직여 볼까?"

출처

김익두, 2005, 『한국신화』, 한국문화사

곽재식, 2019, 『한국 괴물 백과』, 워크룸 프레스

우용곡, 2022, 『만화로 배우는 조선 왕실의 신화』, 한빛비즈㈜

도현신, 2022, 『한국의 판타지 백과사전』, 생각비행

코몬 상상화샘, 2023, 『한국 전통 괴물사』, 세모 네모 동그라미

나무키요, 2023, 『한국의 요괴』, 텀블벅

소노자키 토루, 2000, 『환수 드래곤』, 들녘

책쓰기 활동 소감

안녕하세요. 처음 뵙겠습니다. 저는 이 소설의 작가, 와룡 중학교 2학년 '김지환'입니다.

제가 처음으로 쓰는 첫 소설인데 부족한 것이 많으니 이해해 주시길 바랍니다. 저는 이 소설을 쓰며 알게 된 사실이 있습니다. 소설은 아무나 하는 것이 아니라고… 아. 내가 자초한 것이지. 크흠….

아무튼 이 소설은 판타지, 어드벤처 장르입니다. 이 소설은 2년 전부터 준비했던 작품인데 조사하는데 매우 힘들었습니다. 하지만 쓰는 내내 재미있었고 자부심도 느낄 수 있었습니다.

저는 소설을 쓰면서 도깨비의 숲 후속작을 낼 생각을 했고, 1편의 등장인물들도 캐릭터로 그려서 낼 생각도 있습니다. 다른 플랫폼에 외계, 어드벤처와 관련된 다른 소설도 더 낼 생각입니다. 제 소설을 많이 읽어주시면 감사하겠습니다. 감사합니당.

WOW!룡중학생의 상상 유니버스

초판 1쇄 인쇄 2025년 01월 16일
초판 1쇄 발행 2025년 02월 07일

지은이 와룡중 한국어학급 & 읽고 사랑하고 기도하라 3기
엮은이 남은희

펴낸이 김지홍
디자인 최이서

펴낸곳 도서출판 북트리
주소 서울시 금천구 서부샛길 606 30층

등록 2016년 10월 24일 제2016-000071호
전화 0505-300-3158
팩스 0303-3445-3158
이메일 booktree11@naver.com
홈페이지 www.booktree11.co.kr

ISBN 979-11-6467-176-2(03810)
가격 12,000원